かたやま けん

自然なこころのゆらぎ方

もっとも
大事なことなのに
なぜだか学校では
教わらない
こころの壊《こわ》れかた
こころの斉《ととの》えかた

コスモス・ライブラリー

もくじ

●文字の解釈について

この本の中に出てくる文字の解釈や格言・諺の内、出典がはっきりとしているものは、本文中の文字各所に「＊数字」の記号をつけて、これをまとめてページ３３５に記載しています。それ以外の文字に関しては、おおむね主観的な解釈です。失礼ながら、混乱なきよう、各自ご対応ください。

もくじ

2-2 心思のでき方 140

3　さまざまな心思《こころ》のゆらぎ

3-2　臭いとか匂いとか

はじめに

「得る」は「失う」の悲しみをつれそう

（斉）

はじめに

なぜ「こころ」のしくみを教わらないのか

「こころ」とは何でしょう。「こころ」はどこにあるのでしょうか。なぜ「こころ」はあるのでしょう―。このような質問に即答できる人はいるでしょうか。

「ワタシ」という存在が、有形の「からだ」と無形の「こころ」から成り立っている―であろうことや、その大切さは、大人であればほぼ、全員が承知しているはずです。

ところが、学校も社会も、そしてその道の専門家でさえも、そうしたことを十分に承知していながら、「こころ」のことをほぼ知らないのです。

日本では義務教育の期間が小中あわせて9年間あり、その間、学生たちは、理科の時間に「からだ」のことを教わります。また高校の普通科に進学する人たちは、生物の授業で再度「からだ」について詳しく学ぶはずです。

さらにその先、医療関係者や体育教師のように「からだ」の専門家になろうとする人たちは、「からだ」のしくみや、その保全に関しての詳細を学ぶことになります。

ところが不思議なことに、身体と共に少なくともワタシの半分を占めるであろう「こころ」のしくみに関して、ほぼ教わることがないのです。

確かに近ごろでは、道徳の授業が復活したり、心理カウンセラーの方々のサポートを借りながら、「こころ」に関する学びを行ってはいるようです。また高校生になれば、倫理の授業でも「こころ」について少々学ぶことでしょう。

しかし、そうした中で学ぶのは「からだ」の授業にみられるようなつくり（構造）やはたらき（機能）、あるいはその壊れ方や改善の方法（斉《ととの》え方）——といった系列立った教えではなく、どちらかといえば枝葉を集めたような断片的な事柄です。

だからというわけではありませんが、こうした現状にあって、成人式をすませた大人でも、還暦を迎えて祝福されても、「からだ」が不自由になって介護される歳になってさえも、「こころ」とは何かを明確に理解し、その「こころ」をうまくコントロールできる——という人が、ほぼ見当たらないというのが現状でしょう。

「こころ」のしくみを教えることができない

なぜ「こころ」のしくみを学校で教わることがないのでしょう。

実のところ、いま現在のこの社会には、ほんの一部の人達を除くと、「こころ」に関して体系的で具体的なことを教えることができる人がいないのではないでしょうか。

たとえば体育教師であれば、学生たちに比較して、より身体のことを熟知し、より身体を使える——といったことが最低限の条件になるはずです。では「こころ」に関してはどうでしょう。学生たちよりも「こころ」が丈夫である——、「こころ」をうまくコントロールできる——、より「こころ」をケアできる——と、胸を張って答えることができる先生方がいるでしょうか。

先生方に限らず、「こころ」のことを自信を持って指導できるという人は、現状のこの社会には、ほぼいないのではないでしょうか。

その原因は、いくつか考えられます。

・ほぼ誰もが「こころ」について体系的に教わったことがない。

・ほぼ誰もが「こころ」のしくみをどこで習えるのかも知らない。
・（こうした結果）ほぼ誰もが「こころ」の定義さえ知ることがない。
・かりに「こころ」の定義やそのしくみを学べたとしても、それが本当であるのかどうかの判定基準がみあたらない。
（そのため、おかしな宗教や教義が街中で跋扈《ばっこ》する）

――というように、この社会には、「こころ」の定義やそのしくみについて、しっかりと学べる確かな素材や環境が見当たらないようです。

こうした事情から、世に「こころ」について知っているような振りをしている人達は数多くいても、そうした人達を含めてほぼ全員が、「こころの定義どころか、その体系的なしくみを教えることなどできない」――と考えられるのです。

宗教か科学か

この社会全体は「こころ」のことをほぼ何も知らない―とはいうものの、「こころ」のしくみに触れている集団が、わずかながら二つあります。それが宗教と科学です。

宗教は、「こころ」のしくみそのものを教えるわけではありませんが、神あるいはその神を奉る教祖の言説を信仰することで、「こころ」が癒される―と、多くの人が信じているようです。

科学は、とりわけ現代科学は、おもに脳の研究から「こころ」のしくみを解き明かそうとしています。

しかし残念なことに、「こころ」に関わるわずか二つの集団でありながら、これら二つの方法には、決定的な欠陥があります。

宗教は「人間ごときに真理は理解できないのだから、つべこべ考えず、神の意志に従え」―という態度です。宗教は「思考する」―という人間がもっとも得意とする能力を歓迎せず、そのすべてを神に丸投げしろというわけです。こうして他からの反証を決して許さず、そのうえ信仰する神が違うだけで、ちがう神を信じる人々を罵倒したり殺したりもするのです。

かたや科学は、反証を歓迎するとしつつも「再現性のないものは科学ではない」―というトラウマに絡まれてか、宗教のように、人間の知性では理解できそうにないモノゴトを、はじめから相手にしようとしません。結果的に科学は、神という絶対性（反相対的）からの反証は受け付けない―という、□とは裏腹の態度をとっているのです。

「分らない」という絶対性と「分る」という相対性

こうした宗教や科学の態度を、「分らない」と「分る」というシンプルな表現におきかえて考えてみましょう。

　宗教を「分らない」とするのは、宗教自らが「神とは絶対的な存在である」―と位置付けているからです。「絶対」の真義は「対を絶つ＝比較対象を持たない」ということですから、「絶対」を謳う宗教とは、結果的に「（人間には）分らない」態度であるということになります。対（比較対象）があってこそ、人は始めて思考することができるのですが、これを認めないのです。

　こうして宗教は、永遠に人間には「分らない」―存在となるのです。


　これに対して科学は、自然界のあらゆる現象を、分析や解析といった手法を用いながら細分化し、これを単独で、あるいはさまざまに組み合わせながら、そこに何らかの法則や価値を見出しているのですから、まさしく「分る」態度です。またこの「分る」に「相対的」という言葉を添えると、いっそう科学の態度が明らかになります。

科学が何かを研究しようとする場合、必ず相対する何かを比較材料としながら、その答えを導き出しているからです。

いずれにしても、わざわざ宗教と科学を「分らない」と「分る」という表現におきかえて考えるのには、それなりの理由がありまず。こうしてみることで、それぞれの名称にまとわりつく数々の先入観を取り除くことができるとともに、双方の正体をあらわにできるからです。そうすることで、双方の欠陥も浮き彫りになります。

さらに、こうしたことに気づくことで、「こころのしくみを理解するために本当は何が必要なのか」―という確信に至れる―と考えるのです。

「分らない」と「分かる」をつなぐもの

佛教の祖シャカムニの「中道」、儒教を興した孔子の「中庸」、そして近代学問の基礎を築いたとされるアリストテレスの「メソテス」——といった言葉にも見え隠れする「双極の中間点とこれを支点としたゆらぎ」——、

この「ゆらぎ」が、「こころ」の闇を照らす光となります。

ワタシ達人間が、何らかのモノゴトを感じたり考える時、そこには必ず、感じたり考えたりするための相対的な比較材料が必要です。たとえば「快適だ」と感じるためには「快適ではない」という感覚を必要とします。あるいは「右」を認識するためには「左」という相対的な概念が必要です。こうしたことを逆から眺めると、人間はゼロの状態（分らない状態）からは何も考えることができない——ということになります。

相対的にしか捉えることができない（何かと比較しなければこころは活動しえない）―。これがワタシ達人間の「こころ」の限界です。

人間の「こころ」は、何かと何かの差違（ちがい）を捉えることで、はじめて活動できます。しかし、絶対性（分らないこと）を捉えることができないのです。

しかも、その「こころ」が相対的な場でよりよく活動するためには、相対性の相対性―つまり絶対性を無視するわけにはいかないということになるわけです。

こうして、宗教という「分ろうとしない絶対的な態度」と、科学という「分ろうとする相対性な態度」―という人類の思考形式の双璧をなす二つの存在を、分断したまま「こころのことをとやかくは言えない」―というところに行きつきます。

さらにそうしたことで、宗教と科学という双璧のはざまに、中道や中庸やメソテスといった中間点およびつながりがあることを明確に見出し、「分らないと分るとの中間点を支点としつつ、双極のはざまにゆらぐ」―という大自然的な黄金律を確信します。

それが、この本の論理的な核となる「加減にゆらぐ」―なのですが、ここでその理由を説明し始めると「はじめに」が、いきなり「おわりに」―にということになってしまいます。

詳しくは本文でご確認ください。

早々に偉そうなことを書いてしまいましたが、「こころ」のしくみ等々に関して、わたし如きがとやかく口を出すのは力不足―と考えないわけではありません。

そこで少々言い訳がましく、こうした小難しい本を出版することに至った個人的な経緯をお話し、「はじめに」―のおわりとさせていただきます。

「こころ」に関わってしまった個人経緯

高校時代にラグビー部で共に汗を流していた友人が、卒業後に自殺をしたのが１９歳の時でした。その後に、五つ上の兄が精神病（と呼ばれる病）になって二十六歳で他界しました。その兄を見送った母が、兄の死から6年後にくも膜下出血で倒れ、その一週間後に他界しました。そしてその母を見送った父が、そのまた三年後に胃ガンが見つかって、その三ケ月後に他界しました。

こうした頃、友人から「お前の家は呪われている」などと揶揄されても、苦笑いでごまかすしかありませんでした。

そうした流れの中で、柄にもなく「なぜ人は死ぬのか」―や、「死んだらどうなるのか」―などといった小難しい問題に、軽い気持ちで足を突っ込んでしまいました。と同時に、もう一つのやっかいな問題にも足を絡まれました。

ラグビー部で笑い転げ、共に汗を流していた友人の自殺の引き金を引いたのが、どうやら今でいう「うつ病」であったということ――。そして全身に入れ墨を入れたヤクザの叔父（母の兄）の影響を強く受け、喧嘩の相手を軍刀で刺したり、ヤクザと渡りあったり、交番を破壊したりしていた怖いもの知らずの兄が、なぜか精神病と呼ばれる病に罹り、それが原因で二六歳で他界したこと――。

さらに兄を見送った母のこころが日に日に弱っていったこと――。そして、その母の死を見送ったのち、特攻隊予備兵として若き日を勇敢にすごしたはずの父が、見る見るうちに弱り、あっけなく胃ガンでこの世を去ったこと――。

当時二〇代のわたしにとって、そのどれもが、どうにもこうにも太刀打ちできない、厄介な難問ばかりでした。

これ以降、バカで怠惰な人間が「こころとは何か」「人生とは何か」「死とは何か」などといった難問を目の前にしてアタフタしながら、人生のドツボのような所に落ち込んでいくわけですが、いくら進んでも、紆余曲折、七転び八転びの日々が続きます。

バカはバカなりに、答えを求めて国内外をうろつきました。探し求めたというよりも、ほんとうに暗がりをうろついたといった感じです。佛教、神道、キリスト教、新興宗教、ヨーガ、哲学、心理学などと、思いつくままに各所・各書をウロウロとしました。

ところがこの間にも、義妹や義叔父を含めて、身の回りの縁ある人たちが、こころに苦しみ、こころを乱し、こころを壊していくのです。しかし、その光景をただ茫然と眺めているだけでした。

そうこうしているうちに、いつのまにか四十年の歳月が流れたというわけです。もともとバカだとは自覚していましたが、「ここまでバカか」と気づいた時には、正直なところショックでした。

ところが半ば自暴自棄になって「これほど時間をかけても明快な答えにたどりつけない自分を笑いとばすしかない」などと、開きなおろうとしていた頃になって、ようやくそれまで拾い集めていたパズルの断片が、なんとなくつながり始めたように感じたのでした。

◇　◇　◇

生来が怠惰で雑な性格ですから、こんな小難しい世界に四十年間も、どっぷりと足を浸けてしまうことになるなどとは夢にも思いませんでした—が、まあ、結果はそうなってしまったというわけです。昔の友人たちが今のわたしを見たら大笑いすることでしょう。そもそも、こうしたことを考えたり書いたりする世界とは、真逆の世界にいたわけですから。

そうした過去を省みないままに、近ごろしばしば偉そうなことをのたまう自分自身に対して「どこまで恥を晒《さら》すのか」と自問自答しないわけでもないのですが、晒しついでにこの恥を、この場でもうひと時の間、棚の上に置かせていただくこととしました。

友人や兄や、親戚や知り合いが、こころの病で自殺したり、他界したり、社会から置いてきぼりをくらっているなどという出来事に、はからずも関わってしまった人生のひとくぎりとして—、また、いま現在もこころに苦しむ人々に対して、何らかの役に立てれば「この人生もすべては無駄だったというわけでもなかろうか」—などと、自己弁護的な屁理屈を考えてしまったというわけです。

◇　◇　◇

さて、「この本にあることを全面的に信用しろ」—などというおバカなことを言うつもりはありません。だいたい本を書く輩などというのは、大なり小なりの自己主張をしているわけです。

また世の多くの人が知らないだけで、すでに「こころ」のしくみを解説するものに、アビダンマと呼ばれるたいへんすぐれた佛教書があるのです。ただ学校にはさまざまな宗教宗派に属している学生たちがいるわけですから、佛教が俗にいう宗教という場所に位置付けられているかぎり（本当はそうではないと考えますが）、残念ながら現状の学校で正式に教えられることはないでしょう。

そうした中にあって、子どもから大人まで、あるいは宗教宗派の違いにかかわらず、素直に学ぶことのできる「こころのしくみ」の拠りどころはないものか—と考えた時、そこに残るのは—、やはり「自然の法」—だけのように思えるのです。全体的で、絶対的で、あらゆるモノゴトにあまねく自然以外に、宗教や科学が抱える欠陥や問題点を乗り越えていくものはないのではないでしょうか。

このように云うと、一部の人達から「だからこそ、それを解き明かそうとしているのが自然科学ではないか」—といった声が湧きあがりそうです。しかし、現状の科学には、先に述べたような欠陥に加えて、資本主義という足かせが複雑に絡んでいます。はっきりといえば、金儲けが今の科学を曇らせているのです。そうであるかぎり、現状の科学に、全面的な信頼を寄せることはできないでしょう。

あやしげな宗教宗派の教祖の言葉を信じて生きる—、世の大嘘や欺瞞に踊らされて生きる―、金儲け的なエセ科学の手口に乗らされて泣き笑いする―といった人生も、それはそれで意味があると思います。

しかし、そうした世界の中で振りまわされて生きるのは嫌だという思いがどこかにあるのであれば、あと一歩前に踏み出して、大自然が奏でる律動に耳を澄ませてみるというのも、なかなか乙なものです。

平成二十八年　丙申　春

1　こころの前に

1-1 こころを包む世界

天に向かって唾をはく己の顔に唾がかかる
（逸名）

こころは、ワタシの中に宿ります。
そのワタシは人間種の中の一個人です。
その人間は、生物の中の一種です。
その生物も、そして鉱物も、
この宇宙のすべての個々の存在は、自然の一部である自分です。
それらの自分の総体が自然です。
こころの理解は、その自然をながめることから始ります。

分らない

わけていない。
ひとつのまとまり。

001 分らない自然、分ろうとする自分

自然は、すべての現象の根源であると同時に、人生というゲームのフィールドでもあるはずです。そうした自然から分かれた（―かに映る）個々の存在が「自分」であり、その自分の中の生物の一種として「人間」がいて、その人間の一個人が「ワタシ」であり、そのワタシの中に「こころ」が宿っています。

ここで（―かに映る）と表現したのは、「自然―自分―生物―人間―ワタシ―こころ」のすべてが、本来ひとつのつながりの中にあり、個々に切り離すことができないと考えるからです。

それぞれの名称は、単にそれぞれの密度や濃度の違いを示しているのであり、分離独立を謳《うた》っているものではありません。

ただし生物としての人間は、原則的に「分れてはいない（分らない）モノゴト」を理解することはできません。左右に分けなけ

分る

細分化したかに映る現象。
わけている。

れば左も右も理解できませんし、薬と毒を分けなければ生きることができません。

そこで、「朝と夜」「山と谷」「食べられるモノと食べられないモノ」「好きと嫌い」「愛と憎しみ」「生と死」というように、あらゆるモノゴトを便宜的に分け続けているわけです。

ところがいつの頃からか、「分るとは、生れてから死ぬまでの間の便宜的な手立てである」――ということを忘れ、これを不変的な正しいあり方であるかのように扱い、「分らないこと」を徹底して無視し、排他し、「分る」ことだけに価値を置くようになっていったようです。

こうしてワタシ達人間は、人間が最も得意とする「学習」「分析」「解析」「判断」「決断」――といった分る能力によって、自らが誇る文化（分化）に飾られた社会を築きあげると同時に、「分る」ことのみに囚われた深い偏見のどろぬまに、自ら足をつっこんでいったようです。

自然

全体的で、絶対的で、普通的な分らないナニカ。

002 自然と自分、そして自巡

分れることのない自然の中で、分かった（ーとしながら）暮らす人間は、いずれにしても、その全ての手本を自然の中に求めてきたはずです。

その自然は「自ら然り（自＋然）」と書かれます。自然とは「そのとおり」「すべて」「自己完結」、それともシンプルに「ソレ」としか言えそうにないナニカです。あるいは、「全体的」「絶対的」「普通的」という三つのキーワードで表せそうな「ソレ」といったところでしょうか。

これに対して、ワタシ達は自己を指して自分（自＋分）と称しています。自分とは、自然という全体から分れた（ーかに映る）ナニカです。自然に比較すると、自分とは「部分的」「相対的」「特別的」という三つのキーワードで示せるモノ（個）といえそ

自分

部分的で、相対的で、普通的な分れたかに映るモノ。

うです。

ただしここで謂《い》う「自分」とは、人間だけを対象とした用語ではありません。文字どおり「自から分れたモノ（者／物）」―、つまり自然から分れた（―かに映る）あらゆる個が「自分」―であるはずです。人間のみならず、名のつくものは、犬でもネコでも石ころでも、個であるものすべてが「自分」です。

そのような全体的で絶対的で普通的な自然と、部分的で相対的で特別的な自分とは「分れている」―かのように映りながらも、その実、全体と部分、絶対と相対、普通と特別という双極のはざまでつながり続けていることは、素粒子の世界に証明されるまでもなく、今日では誰もが理解できることでしょう。

本来ワタシのこころは、こうした「分らない自然」と「分ろうとする自分」というふたつの「自」のはざまを巡りながら、ユラユラとゆらいでいるようです。

現象

観察されるモノゴト。

003
現象というフィールドの特性

自然という全体の中には、ワタシたち人間をはじめ、素粒子のような極微なモノから、恒星のような巨大なモノまで、大小さまざまな自分（部分／人間／ワタシ／その他の個）が存在しています。

そしてそれらの自分は、形の大小や時間の長短に関わらず、そのどれもが自然という全体の中で「現れては消える」という同じ道筋をたどります。これがいわゆる「現象」です。

ですから「現象とは現消である」――とも言えるわけですが、この現象（現消）こそが、ワタシ達人間からながめる自然というフィールドの特性であると同時に、ワタシのこころがゆらいでいる世界です。

そうした自然の一部として現消する自分は、一見分離独立して

現消

現れては消えるモノゴト。

いるかのように映りますが、それはあくまでも一時的な仮の姿であり、実際は煙のように、ひと時したのちに全体（自然）へと回帰していく数々の現象の一つにすぎません。ただ人間の命が現消する時間が、煙よりも少し長いというだけです。

そんな自分の一種に人間がいて、その人間の一個人をワタシといい、そのワタシの中にこころがあり、そのこころは、自分の特性をおびて、部分的に囚われ、相対的に比べ、特別的であろうとして、もがいています。さらに、多くのこころは、目の前に広がるすべてのモノゴトを、便宜的に「分る（分化する）」ものとして取りあつかい、「分らない（分化されない）」という本来の自然の姿や、その一部としての自分を見失っていきます。

こうした結果、多くのこころは、「分らない」世界を認めることができないままに「分る」「分ろうとする」世界に偏り、無自覚ながらに自らのこころに数々の問題を生じさせ、根本的に解決できない方向へ向かいます。

004 フィールド内のリズムやルール

自然という全体、自分という部分、自分の一種としての人間、人間の一個人であるワタシ、そのワタシの中のこころ――。これらすべての中には、共通に流れるリズムやルールがあります。

それが「加減なるゆらぎ」です。

「加減」とは、多すぎるモノを減らし、足りないモノは補うという、人間からながめる自然界の最高位のルールといえるものです。

「ゆらぎ」とは、上下、前後、左右、高低、明暗、剛柔、といった相対する二項のはざまを、ある程度の幅（遊びや間）を保ち

加減
現象界のルール。

ゆらぎ
現象界の動き。

巡り

現象の流れ。

ながら、止まることなく往来する波のようなものです。

自然―自分―人間―ワタシ―こころは、盛衰、明暗、山谷、大小、左右、呼吸、愛憎―、そして生死のように、さまざまな対称的で相対的な二項のはざまを、多からず、少なからず、止まらずに、加減よく（バランスよく）ゆらぎながら巡り流れようとしています。

またそうすることで、さまざまな二項に交わりと反転が生じ、そこに現象が現れては消え、現れては消えています。

ワタシ達人間は、そんな現象（現消）をながめながら、「有るとか無いとか」「苦しいとか楽しいとか」「産まれたとか死んだとか」―と騒ぎながら、日々泣き笑いしているというわけです。

005
三はこころの最大公約数

分ろうとする「自分」―。その自分の「こころ」を理解するために、まずは自然という「分らない」フィールドを理解しておきましょう―など脳天気なことを話しているわけですが、そもそも「分らない自然」を、どのようにして「分る」と言うのか―といぶかっている方もいることでしょう。

ところが、それほど長くない人生の中で、この問題を解決できる方法が一つあります。

モノゴトをおおむね三つに分類して理解していく―という方法です。「分らないことは分るが、便宜的に分らなければ生きることができないのだから、ひとまず三つくらいに分けておこう」―というわけです。

水風火《ヒフミ》

二が二項を表す数字とするならば、三（3・参）は「呼・保・吸」「食事・吸収・排泄」「産まれる・生きている・やがて死ぬ」というように、二項の交わりから生じる数々の現象（現消）や、命の営みをあらわす自然界の最大公約数といえる数です。

広大な宇宙空間も「上・中・下」「前・中・後」「左・中・右」―と三つに分けることで、おおむね把握できます。「過去・現在・未来」―という三つの区分で、時間の流れを感じとれます。複雑怪奇なワタシのこころも、「好き・嫌い・その中間」「嬉しい・悲しい・その中間」「怒る・恐れる・その中間」―というように、三つに分類していくことで、その扱いが容易になります。

「青二才（未熟＝足りない）」でもなく、「四の五の言う（多すぎ）」でもない―「三（3・参）」を使いこなすことができれば、こころのみならず、あらゆるモノゴトの大枠を、意外にすんなりと理解できます。

現象
密度や濃度が低い映像

現像
密度や濃度が中くらいの映像

006 現象、現像、現実

「現」の原義は「あらわれる」です。現れるモノは消えるモノです。そのような意味から、人間からながめる自然というこころのフィールドは、現象界であると同時に、現消界でもあるわけです。

その「現」の文字を頭にのせた「現象」や「現実」という言葉を使って会話するワタシ達は、「現」という文字の意味をどれほど把握しているのでしょう。

「それは単なる現象だから」と言ったかと思えば、「現実的に考えろ」「現実をなめるな」といったフレーズが飛び出してみたりと、なんとも「現」の用い方が不確定です。

現実

密度や濃度が高い映像

映像

光を受けて
うつし出されるもの。

そんな「現象」に似た熟語に「現像」があります。現像は英語のdevelopmentの和訳です。意味は、発展、進展、開発、発育です。この「現像」も文字を見れば気づくように、現象の「象」に人偏を加えたものです。現象が人の手によって、発展、進展、開発された状態が「現像」です。

そして「現実」――。これは文字どおり「現の実（あらわれの実）」です。ある象の姿や形がはっきりと浮き彫りになった状態です。かといって「実」が不変を示しているわけではありません。

「実」は、現象や現像にくらべて濃度や密度が高くはあるものの、やはり現消であるがゆえに、いずれ消えるモノゴトです。

現像が二次元における「現象（現消）」であるとするならば、現実とは三次元における「現象（現消）」と謂えるでしょう。

対生滅

対で生じて次いで滅する。
佛教の表現。

対現消

対で現れ、対で消える。
この本の表現。

007 現象界は、対で現れ、対で消える

ワタシ達人間が暮らすこの現象の世界では、右は左によって支えられています。ぎゃくに左は右によって支えられています。左右どちらかがなければ、他方も成り立ちません。

これと同じことが、明／暗・高／低・大／小といった形容的現象や、呼／吸・興奮／沈静・生／死といった生命現象、都会／田舎・景気／不景気・戦争／平和といった社会現象—などの、あらゆるモノゴトに当てはまります。

「矛」が現れれば同時に「盾」が現れ、「矛」が消えれば同時に「盾」も消えます。これがワタシ達が暮らす現象界の本来の姿です。

多くの人が大好きな「愛」と、多くの人が大嫌いな「憎しみ」

対生成 対消滅

対で生まれて成る。
対で消えて滅する。
量子力学の表現。

も同様です。愛と憎しみはいつでも同席しています。ただし愛に目を向けている時には憎しみに気づけません。逆に憎しんでいる時にも、愛の存在に気づけません。

ワタシ達が暮らすこのような世界の様子を、佛教は「対生滅（ついしょうめつ）：対で生まれ対で滅する」と伝えます。

量子力学では、佛教用語を二分割したかのように「対生成／対消滅（ついしょうせい／ついしょうめつ）」と表現しています。

そして、この本では「対現消（ついげんしょう）：対で現れ対で消える」としています。

いずれにしても、こうした仕組みに気づくことのない多くのこころは、矛盾にあふれるカラクリめいた現象の世界の中で、現れたり消えたりーに、振り回されていきます。

1-2 人間の性癖

おろか者は「喜びの種」と「来るべき死」を遠くにさがす

（アパッチ族の格言）

ワタシ達人間は、意外に人間のことを理解していないのです。あまりに身近な存在であるだけに、しっかりと観察していないからなのかもしれません。

ワタシのこころはワタシの中にある—には違いないものの、そのワタシはワタシである以前に、人間という動物としての特性と制約を受けて、その命を育んでいます。こうした特性や制約は、いわば「人間の性癖」といえるものです。

「分らない自然」と「分ろうとする自分」が織りなす「こころのフィールド」の話に次いで、「人間の性癖（人間とは何者なのか）」——について理解を深めておきましょう。もうすこしの遠回りです。

性理
自然や人生の原理。

生理
生きるためになくてはならない機能。

008 人間の性癖

人間を研究する学問には人類学や社会学、あるいは心理学や精神医学などがあり、そこでは微にいり細にわたって、人間や、その人間の中でうごめく「こころ」の研究がなされているはずです。

しかし、こころのフィールドの話の場合とおなじく、素人がそんなところでウロウロしていると、あっという間に人生は終ってしまいます。ですから、こころのフィールドを三（3、参）で理解するように、ここでも一工夫します。

「人間が数千年たっても守れないこと」――を洗い出してみるのです。

性癖

なかなか止められない偏った癖。

戒律

性癖への戒め。

地球上の大多数の人々が所属するユダヤ教、キリスト教、イスラム教などのような主に西側に広がった宗教と、日本人になじみの深い東側に広がった佛教の、双方が示す戒めの共通項を目の前に並べてみます。

戒めは原則的に「してよいこと」ではなく「してはいけないこと」を示しています。つまり裏を返せば、戒めとは、人間がなかなか守ることのできない人間特有の性癖を示している―と考えられます。もし各宗教組織が示す戒めを、そこに所属する信徒が犯していなかった―のであれば、あるいは完璧に守れた―ならば、数千年に渡って同じ戒めを示し続ける必要はなかったはずです。

「人間は呼吸しなければならない」―などといった戒めは存在しません。「してはいけない」とされることをワタシ達人間の多くが、どうしても犯してしまうからこそ戒めとなるわけです。

西の戒

殺、盗、淫、嘘、貪。

009 戒めが示していること

西洋の代表的な宗教であるユダヤ教・キリスト教・イスラム教のルーツは旧約聖書にあるそうですから、三つの宗教の戒めは、多かれ少なかれ「（モーセの）十戒」が基準になっているはずです。そこには次のように記されています。

『十戒』１主《しゅ》が唯一の神である。２偶像を作るな。３神の名をみだりに唱えるな。４安息日を守れ。５父母を敬え。６殺すな。７姦淫するな。８盗むな。９嘘をつくな。１０貪《むさぼ》るな。

これに対して、東洋の代表的な宗教（—とされる）のひとつである佛教には「十善戒」というものがあります。

『十善戒』１殺さない。２盗まない。３姦淫しない。４嘘をつかない。５無意味な話をしない。６乱暴なことや悪口を言わない。７他者を仲たがいさせることを言わない。８欲を持たない。９怒らない。１０誤った見解をしない。

東の戒

殺、盗、淫、嘘、貪。

こうして東西の戒めを並べてみると、西洋の十戒は「これを破ると神からの罰を受ける」―、東洋の十善戒は「これを自身が守ることで悟りに近づく」―というように、戒を守る理由に大きな違いはあるものの、①殺す、②盗む、③姦淫する、④嘘をつく、⑤貪る―といった五つの項目の戒めの内容が、ほぼ共通しています。

でもなぜ、こうした戒めが、数千年を経たいま現在にあっても存在しているのでしょう。残念ながら人間は、こうした戒めを守ることができないのではないでしょうか。だからこそ数千年たっても戒めとなっているのではないでしょうか。

東西の宗教からながめた人間とは、自分の命を養うために他の生命を直接的あるいは間接的に殺し、他の動物や人物の財産を盗み、子作り以外の性行為を行い、生きるために直接関係のないさまざまなモノを貪り、こうした事実をさまざまな嘘や巧言でごまかしたり正当化して生きている、ろくでもない動物―ということなのかもしれません。

善人

他の命に
迷惑をかけない人。

010 人間は悪である

神うんぬんや言葉の使い方の話をのぞくと、東西双方の戒めの筆頭にあげられるのが「殺すなかれ」「殺さない」です。

数千年にわたって、人間がけっして犯してはならない―とされてきたのは、間違いなく「殺すこと」です。現行の法律においても「殺人」は最も凶悪な犯罪です。

ところが光合成で暮らしている植物や、これに類似した一部の生物を除いた残りの生物は、自己の命を維持するために、死ぬまで他の命を奪い続けなければならないという生命維持システムを引き下げて、この世界に現れます。

その世界の頂点に君臨している―と、自ら豪語しているのが人間です。そして確かに、人間の歴史は殺し合いの歴史といえそうなく

悪人

他の命に迷惑をかける人。

らい、各時代、各地で、戦争をおこし、同類他類に関わらず、多くの命を奪いつづけてきたようです。

数ある生物の中で、「かわいい！」と言いながら、その可愛い動物を殺して食べることができるのは人間だけではないでしょうか。

「悪」とは何か。

ひとまず辞書の説明に従うと「悪とは、正義、道徳、人倫に反すること[*1]」――ということになります。

だとすると、同類や他類の命を奪いつづける生物――、その中の王者として君臨する人間は、間違いなく悪なる動物といえそうです。

ちなみに、その人間という悪なる動物種が、恐竜のように絶滅したとしても、残った他の生物の中から、再び悪の王者が現れるのでしょう。この現象界とは、どこまでも分かったようで分からない、やっかいな世界のようです。

盗作
ぬすみ作る。

盗聴
ぬすみ聞く。

011 人間は盗む

人類史は戦争の歴史といえるほどに、有史以来数えきれないほどの大小の戦争が各地で記憶されています。その戦争につきものなのが、殺し、盗み、姦淫、嘘、貪り——といった、東西の宗教が厳禁とする破戒《はかい》です。

「盗み」には、他の人のモノや土地を勝手に奪い取る略奪や強盗や窃盗以外にも、他の人のモノを勝手に使う盗用、他の人の話をことわりなしに聴く盗聴、他の人の作品を勝手にマネする盗作などがあります。

旅行先でよくみかける「元祖」という文字はいったい何を意味しているのでしょう。「〇〇をヒントにこれを考えました（創りました）」などと簡単に言いますが、その人は、どこまでの範囲を「ヒント」という言葉で括っているのでしょう。

これまで他の生物の命や生活の場を奪った（盗んだ）ことのないという人がいるでしょうか。

盗用

ぬすみ用いる。

盗品

ぬすんだ品物。

　巷では、戦争と平行して堂々と行われてきた数々の「盗み」の成果―つまり盗品を、盗みを働いた（略奪した）国々が自国の博物館などに陳列し、これを国内外の大勢の人たちが喜々として見物に出かけています。

　こうした現状に対して、上は上で戦利品や世界遺産などといった詭弁を使い、下は下で観光旅行と称して笑顔でそこを訪れる社会とは、建前とは裏腹に「指摘されなければ、盗みを悪いことだと考えない」―という人間の性癖を、正々堂々と宣言しているかのように映ります。

　今日においてさえ、強国や強者は、小国や弱者の金や権利や情報を奪い取り続けています。必要とあれば、自国や他国の人の命さえも平気な顔で盗みとります。

　こうしてみると、わたしを含めて「生を受けて以来盗みを働いたことなど一度もない」―と、胸を張って宣言できる人間などいないのではないでしょうか。

性質

天性の気質。

性向

気質(性質)の傾向。

012 人間は姦淫と言わずに姦淫をする

人間は、種の保存のために一年中性行為ができる(発情期をもたない)という戦略をとった動物のようです。

そうした人間は、一年中子作りに励むことで人口を増やし、地球上のあらゆる場所に拡散し、海の物、大地の物、地中の物、山の物と、あらゆる場所の物を食べて暮らしています。

しかし一年中生殖活動ができる人間は、子作りだけでは満足できなかったようです。ゴムサックや避妊リングなどを着けてまでも、子作り以外の性行為に精を出しています。

売買春を行っている人の中には、神の前で永遠の愛を誓った既婚者が沢山いるはずですし、その中にはしばしば聖職者も混じっているようですが、このような世情が、公に姦淫という概念や言葉で表現されることはありません。

また一夫多妻制のように夫一人に沢山の妻がいる場合や、一妻

性行

気質（性質）による行い。

性交

男女の性的交わり。

多夫制のように一人の妻に沢山の夫がいるような結婚制度が、いまでも一部の地域に残されているようですが、この場合も姦淫とは言いません。

その昔、部族間の交流の少ない人たちの中には、他の地方からやってきた男性に自分の妻との性行為を促すことで子種をもらい受ける―という風習があったそうですが、これも風習であり姦淫とは言いません。

こうしてみると、何をもって姦淫とするのかさえ分らないほどに、ワタシ達人間は、自らは決して姦淫とは言わない性行為を続けています。

ここで善し悪しを論じようというのではありません。ただ単に、事実を述べています。かく言う自分自身が、人様に云えた義理ではないことも重々承知しています。

虚《きょ》

中身がない。

013 人間は嘘と思わず嘘をつく

「嘘をつくかつかないか」といった話の前に、そもそも「嘘をつく」とはどのようなことなのか――について考えてみます。

「嘘をつく」を一般的に解釈すると、「本当でないこと、正しくないことを言う」ということになりますが、では「本当とは何か」「正しいとは何か」といった概念を、しっかり把握している人や説明できる人はどれほどいるのかというと、ちょっと怪しいのです。また「嘘をつく」時に使われる「言葉」という道具が曲者です。

「嘘つきのパラドクス」という話をご存じでしょう。

「ワタシは嘘つきです」と言う人が、ほんとうに嘘つきか、あるいは正直者かを当ててみろというのです。

ところが、仮に嘘つきが「ワタシは嘘つきです」と言うと結果的には正直者ということになり、正直者が「ワタシは嘘つきで

嘘《うそ》

その口は中身がない。
本当ではない。

す」と言うと、結果的に嘘つきという事になるわけです。かくして「ワタシは嘘つきです」と言う人が、嘘つきか正直者かの判断はつきかねる―というわけです。

ワタシ達人間が頻用する言葉というコミュニケーションのための道具は、簡単に嘘がつける怪しく不確かな道具です。

「モノは言いよう」「嘘も方便」などと云いますが、根拠や前提をすり替えるだけで簡単に内容をはぐらかすことができるのが言葉という道具です。

かくして言葉を巧みに操る人間という動物は、堂々と「コロンブスがアメリカ大陸を発見した」、「正義のために広島・長崎に原爆を落とした」、「あなたの為に言っているのよ」―と、平気な顔でのたまうのです。

世の云う「本当」とは、ようするに社会的上位者の都合に合わせた「大嘘」―を、「小嘘」を重ねるワタシ達小庶民が、「本当」と呼んでいるにすぎない嘘の数々のようです。

貪

物欲しく
いつまでもむさぼる。

014
人間は貪《むさぼ》る

動物が命をつなぐためには、光や空気といった自然要素、食料、寒さ暑さを防ぐための自身の毛皮、雨露や外敵から身を守るための居住空間、生きるために必要な知識――などがあれば、ひとまず事足りるはずです。

動物の一種である人間も、寒暑防御のために衣服という人工物を必要としますが、それ以外で「生きる」ために最低限必要なモノといえば、他の動物たちとさほど変わりはないはずです。

ところがワタシ達人間の生活空間には、一生を生き抜くためにいったいどれほどの数の靴や衣服や金銭や玩具や食物が必要なのか――と反省する暇もないほどに、命を守り育むための必需品以外のモノがあふれかえっています。

欲

手に入れたし、出したくはなし。

善し悪しはともかくも、こうした光景を冷静に、そして客観的にながめてみれば、「人間は貪る動物」であることを否定できないのではないでしょうか。

「貪る」とは、必要ではないものを際限なく欲しがることです。いわゆる「欲望」です。「欲望」は谷が欠ける望と書きますが、この自然界にあって谷（マイナス／減る）が欠けて、山（プラス／増える）だけがあるなどということはありえない話です。

そのありえない話（モノゴト）を望んでいるのが、ワタシ達人間という動物のようです。

「こころ」などという小難しい問題で悩む前に、こうしたことをくり返しているのが、わたしやワタシ達人間という動物の正体であることを、素直に認めておく必要があるでしょう。

権威

強制や服従を強いる威力。

015 人間は権威や権力が大好き

宗教が戒める「殺すな」「盗むな」「姦淫するな」「嘘をつくな」「貪《むさぼ》るな」――といった、たった五つの約束事さえも守れない人間は、それ以外にもやっかいな問題を抱える生物界の問題児ともいえる存在です。

その中にあって、問題児の頂点に君臨する多くの時代の暴君や権力者は、己の立場や力を用いて、他の生物はもちろんのこと、同類である小庶民を、平気な顔でいじめたり殺したりしてきた人たちです。

そんな暴君や権力者に対して小庶民は、怒り、憤りといった感情を抱き続けてきたことでしょう。ところが、怒りや憤りといった感情を抱いていたはずの小庶民の中の一人が、いつのまにか次世代の暴君や権力者となり、そして他の小庶民はその人物に憧れ

1

権力

強制して支配する力。

を抱く――。これが人類の偽らざる歴史です。

多くの小庶民が観光と称して喜々として押しかけるその先が、なぜだか以前に暴君や権力者が闊歩した住居跡や記念碑や、権力者の墓所などです。また、もしもこうした負の遺産ともいえる住居跡や記念碑を消し去ろうとする人がいるならば、その人は間違いなく異常者であり犯罪者である――ということになるのです。

「お金が沢山ほしい」「有名人になりたい」「コンクールで優勝したい」「役職がほしい」「試合に勝ちたい」――と願うのも、善し悪しに関わらず、結果的には、少なからず遠からずの権力への憧れでしょう。

暴君であれ小庶民であれ、あるいは聖職者とよばれる人たちでさえも、一部のほんとうに智慧ある人たちを除いた大部分の人間が、ほんとうは権威や権力が大好きなようです。

Mahā

偉大な、優れた。

016 人間は、ほぼバカ

何十年生きていても自分の「こころ」ひとつ、うまくコントロールできないのがワタシ達人間です。

死ぬまで感情に振り回され、他に怒り、他を妬み、他を恨む動物です。そんな人間という動物は、もちろんわたしを含めて、ほぼ全員が、ほぼバカです。

バカの原因は明らかです。人間という動物が、産れた時からバカの定義において間違いなくバカとして産れてくるからです。しかも一時的なバカなら可愛げもありますが、このバカは大抵死ぬまで続くようです。

バカは、そもそもモハ［moha］（慕何）ー、「真実の世界を諦めよう（明らめよう）とせずに、人間社会というおぼろげな現象の世界のみに囚われている人間のこと」らしいです。

Moha

馬鹿、ばか、バカ。

これが本来のバカの定義だそうです。だからでしょうか、多くの人間が「諦めるな」「明らめるな」と大声を出して、他の人を励ましているつもりになっています。モノゴトをキチンと明らめなければ、お先は真っ暗なはずです。

これに対して「大いなるモノ、優れたモノ、真実を観る、明らめる／諦めるモノ」といった意味をもつのが、あの摩訶不思議のマハ［mahā］（摩訶）だそうです。これを字義通りに解釈すれば、確かに、現代人のほぼ全員が、ほぼバカだということになるわけです。

だからといってわたしが「悟った」とか「バカを抜け出した」というわけではありません。いまだバカながら「ほんとうに摩訶（mahā マハ）とやらがあるのなら、死ぬ前にちょっと見学しておきたい」――との願いを持った、マハに気づいたバカ（モハ）な人間です。

正面

たまたま、
顔が向いている方向。
誰かが先に「正面」だと
決めた方向。

017 人間は眺めている方向を正しいとする

人間の眼は正面についていています。ですから、よほど奇抜に首を捻じらない限り、いま向いている方向が正面ということになります。そうすると、結果的に右手側が右面、左手側が左面、背中の方は背面ということになります。

ところがこの状態から90度右に回転すると、先ほどまで正面だったところが左面へと変わります。おなじく、右面だったところが正面に、背面だったところが右面に、左面だったところが背面へと変わります。

さらに90度回転すると、先ほどまでの右面が正面へ、左面が背面へ、前面が左面へ、背面が右面へと変わります。

背面

たまたま、
背中が向いている方向。
誰かが先に「背面」だと
決めた方向。

こうした動きをあと2回くり返すと、もとの正面にもどります。当たり前すぎるほど当たり前の話しですが、なんだかんだと偉そうなことをのたまう人間の頭の中身は、この様子そのままです。

多くの人間が、自分自身のながめている方向が、間違いなく正しい（正面）であり、「その考えに間違いない」と固く信じています。時には、自分自身の見識に自信を持てないという人もいますが、このような方々も「自信を持てないという思いに自信をもっている」―と言えなくもなく、結果的には、全人類がそれぞれの正しさ（正面）を持っているということになるわけです。

こうして、この地球上に暮らすすべてのワタシという個人が、それぞれの角度を向いて立ち、それぞれの方向をワタシの正面（自己の正しさ）として人生をすごしていきます。この事に気づかない限り、口論や抗争が止むはずがありません。

偏る

「人＋扁」、人はかたよる。

018 人間は偏よる

人は、自然から分離独立した（一かに映る）モノを自分とし、自分の中の一種を人間とし、その人間の個人をワタシと称しています。そして、そんなワタシの中にある「こころ」は、モノゴトを「必要なもの」、「必要でないもの」、「どちらともいえないもの」というように、およそ三つに分けつつ、自らの命を守り育んでいます。

たとえば必要なものを「薬草」とすると、必要でないものは「毒草」、どちらともいえないものが「雑草」ということになるでしょうか。ところが、分けることで結果的に「偏り」が生じます。いったん薬草と毒草と雑草に分けておきながら、その後に好んで毒草や雑草を食べる人などいなくなるからです。こうしてある時から、薬草のように有用とされたモノに人が群がることになります。

食糧危機を筆頭に、人間のいう「何かが足りない」の原因は、

遍く

「道＋扁」、道はあまねく。

意外なことに、命を守るためにモノゴトを区別して、そこに価値の違いをつけた結果にあるようです。

全体としての自然は「薬」「毒」「どちらでもない」などと分けません。すべてのものに対して平等といった気持ちさえも持たないままに平等にふるまいます。ですから自然が「これはよいが、あれはダメ」などとは言いません。自然は偏りは生じません。全体的な自然と部分的な人間にはこうした違いがあります。

このことを、明示した文字があります。

人＋扁と書いて『偏る（かたよる）』

道＋扁と書いて『遍く（あまねく）』

―です。

こうした文字を考えた方々には平身低頭です。

分る

刀で左右に切りわける。

解る

刀で牛を切り刻む。

019 人間はとにかく分かりたい

人間は、産れて死ぬまでの間、自然界をあらゆるモノゴトに、分けて、解けて、判け――続けながら、命を守り育くんでいます。

細かく分けつづけ、分析や解析を重ね、知識の量を増やし、判断や決断をおこない、確かにそうして分化することで得た知識や技術を再構築し、文化なるものを開花させ、他の動物たちが造ることのできない工業製品や医療などを産み出して生きています。

「分る」「解る」「判る」――は、人間が獲得した最高の能力であるといってもよいでしょう。

ところが、長所は短所であることを証明するかのように、分け続けることで飛び出してくる数々のモノやコトを抱えて、ヒーヒ

判る

白黒のように半分に切る。

別る

骨から肉を取り分ける。

―と喘ぎながら生きているのも人間です。

キャベツの玉をみじん切りにしても、そこにあるのはキャベツです。自然を分かり続けても、そこにあるのは自然です。

「分」とは一つのモノを切り広げること、
「解」とは刀で牛をさばくこと、
「判」とは刃物で半分に切り分けること―

こうしたことに気づいていれば、「分る」ことだけを、ことさら重要視することはありません。

多くの人が忌み嫌う「死」とは、こうして分け続けることで積み上げた人生の集大成ともいえる―「分る世」からの「別れ」であると同時に、「分らない世界」への旅立ちです。

区別

差位の発見。

020 人間は差別する

ワタシ達人間は、たとえば右を考える時には、左を引き合いに出しています。ぎゃくに、左を考える時には、右を引き合いに出して左右双方を比べ、左右の差をもとに左を考えています。人間は、右なしに左を認識できませんし、左なしに右を認識できません。右と左に分けることで、はじめて右と左を認識できます。

しかし、この世には確固とした右や左などは始めからどこにもありません。上下も前後も、高低も寒熱も、そして生死さえもです。そのすべては、相対するモノゴトを比較することで、あたかも存在しているかのように観えているだけです。

人間は、熟睡中の時のように比べる材料をもたなければ、そこに差違を見出せないままに、思うことも、考えることもできません。熟睡中には、ワタシもアナタもいません。空腹も満腹

1

差別

差位の拡大。

も、今日も明日も、貧乏も金持ちも、楽しみも苦しみも、生や死でさえも存在しません。

ところが多くの「こころ」は、自身の「こころ」が「在る」を創り出していることに気づかないまま「在るモノが有る」と信じています。

その上、自らが分けたモノゴトに「○（是）」や「×（非）」「△（中）」といった自己評価をつけて取捨選択し、自身の「こころ」に肉付けしていきます。

こうして無自覚のままに、○（是／好）としたものに偏り、×（非／嫌）としたものを突き離し、結果的に区別を差別へと増大させていきます。そしてまた、その差別を、これをつくった人間自身が「差別は悪い」――などと、怒り、悩み、苦しんでいたりします。

残念ながら、もちろんわたしも含めた人間というのは、分かる世界のみに囚われた相当におめでたい動物のようです。

021 人間はやたらと怒る

分る、解る、判る、別る―といった分化によって、区別をする能力を身につけ、生命が維持され、文化が生まれ、社会が発展し、さまざまな事柄のしくみが解き明かされていく――というのは「わかる」の表の作用です。

これに対し、分り、解り、判り、別る――ことで、国境がうまれ、人種差別がうまれ、身分差別や職業差別や性の差別などといった差別がどんどんと拡大し、そのたびに、こころは混迷し、生きることの根幹を見失う――、これが「わかる」の裏の作用です。

その裏作用は「差別」だけでなく、さらに危険なものをうみ出します。

それが「忿り」や「怒り」です。

怒り

女性の又の形のように
分れたこころ。
女性のこころを
示しているのでは
ありません。

1

忿り

分り続ける感情。

漢字は基本的に表意文字ですから、ある文字をしばらくながめていると、その文字が示そうとしている原義が、おおよそながら浮かびあがってきます。怒りや忿りといった感情は、文字どおり「分る」ことで生まれ出《い》でてくることを、その文字が示しています。

「忿」は「分＋心」。

そのままズバリ、分かる心と書いて「いかり」です。

「怒」は「奴＋心」。

奴は「女＋手」で奴隷を表している――と字書[*2・3]では説明されていますが、これを女性の又（股＝左右に分かれている）と観ることで、より文字の示す真意が伝わってきます。

分化

分ること、分けること。

022 人間は分化（文化）マニア

その昔、狩猟生活で野山に暮らしていたとされる人間は、畑や田を中心とした定住生活を始めるにあたって、家づくりに励んだことでしょう。ただし家とはいっても、当時のそれは、木組みにワラを乗せただけの簡素な造りであり、台所も寝室も居間も、そのすべてが、木組みのワラ小屋の、小さな空間ひとつに集約されていたようです。

それから数千年を経た現代の家の中――。

台所・寝室・居間にとどまらず、便所・子供部屋・ウォークインクローゼット・客室・浴室・ランドリールーム・書庫・車庫・勝手口などというように、宇宙から眺めると、電子顕微鏡でも捉えられそうもない小さく限られた空間を、とにかく細かく切り刻み、これを文化的生活とよんで、喜々として暮らしています。

文化

分ることで出来たウンコみたいなモノゴト。

医学書に掲載された人体の構造・生理・病理・病名などの名称は、日夜留まる事を知らないかのように、分れ、増え続けています。

地球の大地は、誰にも観えない国境というボーダーラインで幾つもに分けられています。地球の広さは数十億年過ぎてもそれほど変わらないはずですが、人間の頭の中は、まるで核分裂でも起こしているかのように、「分りたい」「解りたい」「判りたい」―との願いから、何でもかんでも猛烈に切り刻み続けています。

こうして人間は、分り、解り、判り続ける分化作業の結果を「文化」と称しているのです。人間が誇る「文化」とは、まるで「こころ」がモノゴトを分化し続ける結果に出てくる大便のようです。そしてこの大便を、汚物とするか肥料とするか―を、分化するのも人間です。

発酵

都合の良い変化。

023 人間は面の皮がとても分厚い

人間は、微生物さんたちが励む「有機物の分解作業」というお仕事に対して、人間に都合の良いほうを「発酵」とよび、都合の悪いほうを「腐敗」と称します。

人間は、他の動物さんたちには迷惑でも、自分たちの都合に合う自然破壊を「開発」とよび、一部の人たちに都合の悪い開発の場合は、そのまま「自然破壊」と言ったりもしています。

「自然を守ろう」などといったキャンペーンがあります。

「アースデイ」という立派な記念日がありますが、「自然を守ろう」といいながら、大勢の人がさまざまな交通機関を利用して、わざわざ大きな会場や森などに集まり、アリンコさんなど踏み潰しながら、楽器を鳴らして騒いでいたりします。

腐敗

都合の悪い変化。

アースデイだから、家の中で静かにしていようとは考えないようです。

薬の説明書には「効能（作用）」に加えて「副作用」という説明文があります。「副」の意味は「主なものに付き添って、その助けとなること」[*1]です。ですから「副主将」「副社長」「副収入」といった熟語でも「副」が使われます。

ところが、副作用が実害を及ぼす内容にもかかわらず、「毒作用」「反作用」「弊害」ではなく、あくまでも「副作用」と表記し続けています。

いまさらながらですが、「好きな人ならアバタもエクボ」「坊主憎けりゃ袈裟まで憎い」「可愛さあまって憎さ百倍」――というご都合主義の権化のような存在が、人間という動物のようです。

明める

頭や周囲を明るくする。

024 人間は明らめようとしない

人間同士では、なにかと「明らめるなよ」「絶対諦めるな」などと、励まし合います。

ですが、そもそも「明」は、日や月の光をかりて周囲を明るくすること――であると同時に、日（陽）と月（陰）とのバランスを計ることです。

また「諦める」は、言葉をたばねて、モノゴトの真相をつまびらかにすることです。

とすると、どうして人間は、事あるごとにお互いに「明らめるな」「諦めるな」と叱咤激励しあうのでしょう。

諦める

真理をみきわめる。

芸能界の人たちは、言葉を逆さまにして、たとえば「ウマイ」を「マイウ」と言ったりすると聞きますが、言葉を裏返して使っていたのは、じつは庶民のほうが先だったのでしょうか。

佛教用語に、「諦」と「観」を合わせた「諦観（たいかん）」という熟語があるそうです。

諦観は「明らかに真理を観察すること」と説明されていますから、ひょっとすると人間は、はじめから「真理や本当のことなど知りたくない」、あるいは「知ることができない」動物なのかもしれません。

有形
感受しやすいモノ。

025 この節のまとめーのような

以上のような性癖をもった人間という動物が集団化して形成されているのが人間社会です。ワタシ達は、こうした人間社会の中で、いわば「人生ゲーム」を歩んでいます。

人間という生き物である以上、人間として生きている限り、大なり小なりの「殺す」「盗む」「姦淫する」「嘘をつく」「貪る」ーを、ほんの一部の人を除いたその他大勢のワタシ達は、死ぬまで続けながら命をつないでいます。

そんな人間社会では、人間の性癖がさらに特化される個々人の性癖の濃度や密度の違いから、おおむね次のような三タイプの集団に分類されます。

①　有形のモノゴト（物や者、金や外面等）を好む人々
②　無形のモノゴト（こころや生き様といった内面等）を好む人々
③　①と②の中間

①の傾向がある人は、その価値観をもとに努力することで、有

無形

感受しにくいモノ。

形のモノ社会での成功を収めることでしょう。しかし、無形のモノゴトを省みず、有形のモノゴトだけに価値をおき続けるならば、その人生のバランスは失われます。加えて、一部のマスメディアなどが無責任に伝える価値観に振りまわされているとするならば、こころうんぬんの問題は、いずれ根本的に解決できない方へ向かうことでしょう。

②の傾向がある人は、こころに関する学びの内容が確かならば、そのこころは間違いなく磨かれていくことでしょう。ただし、寂しさや孤独感といった自己の感情に振りまわされて、安易な仲間や場所を求めると、簡単に怪しい教義やエセ教祖のワナにはまります。

③の傾向がある人は、人間の性癖に泣き笑いしながらも、有形と無形のはざまで、加減にゆらぎつつの人生を歩むことと思います。

いずれにしても、有形のモノゴトに対しては「足る」を知り――、無形のモノゴトに対しては「感情」という幼いこころで向き合わないこと――、こうしたことが、人間の性癖をこれ以上暴れさせないコツとなります。

1-3 言葉というこころの道具

語りえない事には沈黙を守らなければならない[*27]
（ルードリッヒ・ヴィトゲンシュタイン氏）

言語学の基礎を築いた人として著名なソシュール（1857〜1913）という方が「言葉では本質を示すことができない」[*19]―といった意味のことをおっしゃったそうです。前四世紀頃の荘子（前370?〜前310?）という方は「至言が言を去つ（真実は言葉にならない）」[*14]―として、言葉の限界に触れています。佛教には「言語道断（真理は言葉では言い表せない）」[*11]というものがあります。

真意はともかくも、このような言葉という道具をつかって、ワタシ達は、自身の「こころ」を組み立て、書物やメディアを理解しようとし、他者と意思の疎通をはかろうとしています。

時には、この不確かな道具で、真理にせまろうともするのです。

ひょっとするとワタシ達人間は、言葉という人類の伝家の宝刀に寄りそいつつ、実はそのことを原因として、とんでもない勘違いの連続の中で、日々をすごしているのかもしれません。

概念

自然を細分化して、意味づけしたもの。モノの観方、捉え方。

026 言葉とは

「チョコレート」「甘い」「とろける」などといった言葉を使わずにチョコレートのことを考えてみましょう。あるいは、見たことも聴いたこともないナニカについて考えてみましょう。

できないでしょう。人は、言葉を使わずにモノゴトを具体的に思ったり考えたりすることはできません。身振り手振りや絵画、あるいは言葉以外の何らかの記号を使えばぼんやりとした意識は沸き立ちますが、それでも言葉を使う時ほどに具体的な思考は生れません。また、嬉しい、楽しい、悔しい、哀しい、寂しいなどといった感情であれば、あえて言葉を必要とはしませんが、その感情の周辺を具体的に思い浮かべようとすると、やはり言葉が必要になります。

1

言葉

音、形、意味を持つ
心思の道具。
概念につけた記号。

人間からながめる自然界を、頭の中で細分化し、その一つ一つに意味づけしたものを「概念（モノゴトの観方や捉え方）」といいますが、その概念につけられた記号が言葉です。その言葉という記号を互いに送受しながら、会話をし、メールでやりとりし、テレビやラジオや映画を見聞きしながら、日々、刻々と、感情や思いや考えを現消させているわけです。

ところが賢者方は『信言は美ならず、美言は信ならず（信頼に値する言葉ほど飾り気がなく、飾り気の多い言葉ほど信頼に価せず）：老子』[*14]『至言は言を去つ：荘子』『言語道断（言葉では真理は伝わらない）：佛教』『語りえない事には沈黙を守らなければならない：ヴィトゲンシュタイン』などと、小庶民がなんともスッキリしないことを、平気でおっしゃるのです。

こうした不確かで未完成な道具―によって組み立てられているのが、じつはワタシ達が探し求めている「こころ」です。

言葉

分かったような
気になって
ペラペラと
語るための道具。

027 言葉はもろ刃の剣

概念（モノゴトの観かたや捉え方）の記号には、言葉以外にも、音・色・図形・煙、あるいは身体表現などがありますが、現代人がもっとも頻用しているのは、やはり言葉でしょう。

その言葉は、人間からながめた自然界のあらゆるモノゴト、そして人間そのもの―を理解する道具として、現時点での最高のツールといえるでしょう。

ところが、この言葉という概念に付けられた記号では、真理や本質をつかむことも伝えることもできない―と、古来より多くの賢者方が伝えています。

自然界を細分化し、そこに意味づけした概念に付けられた記号が言葉である以上、細分化されない状態―、つまり概念にならない「絶対的ナニカ」に対しては、言葉では示しようがなく、歯が立たない―のです。

真理

言葉では語れず分らずの絶対。

しかも「言葉」という文字の通り、言葉はどんどんと枝葉を伸ばして派生していき、結果的に一つの言葉が多種多様な意味を持つようになります。

さらにそこに、言葉を使う個人の感情や経験がどっぷりとおおいかぶさり、言の葉の数や意味を、つかみどころがないほどに拡散し続けます。

「バカ」という言葉が、使う人や、その使い方によっては「愛情の表現」ともなりえるし、人を自殺に追い込むほどの「罵りの表現」ともなるように、言葉を最高のツールとして崇《あが》め奉《たてまつ》る人類社会にあって、同じ言葉を使う本人たちでさえも気づかないままに、違った意味をやり取りしている—というおバカで間抜けな事態が、この地球上のあちらこちらで発生し続けているようです。

言葉は

028 言葉は排泄物

一般的な人であれば、他の人が吐いた唾を飲みこもうとは思わないはずです。それが胃から吐き出たものとなるとなおさらでしょう。

一般的な人であれば、唾とはいわないまでも、他の人が吐いた息でさえ、それをそのまま吸いたくもないはずです。

一般的な人であれば、他の人の鼻水や目ヤニや耳垢を、喜んで舐《な》めようなどという人も、まずはいないでしょう。

一般的な人であれば、他の人がかいた汗を自分の肌に塗ろうとも思わないし、他の人が排泄した大小便をキレイだとか食べたいだとかも、ほぼ考えないはずです。

排泄物

一般的な人は一般的に、他人のカラダから排泄されるモノはもちろんのこと、自身のカラダから排泄されるモノでさえもキレイなものだとは考えてはいないはずです。自分がたったいま吐いた唾でさえ、なめることができないのです。

ところが同じ排泄物であるにも関わらず、自分の口から吐き出す言葉に対しては、なぜだか誰もが寛容です。それどころか「贈る言葉」などと称して、自ら吐き出した言葉を色紙に書きとめて他の人にプレゼントしたり、口から吐き出した言葉で他の人を諭そうとしたりもするのです。

言葉が大小便やタンや目ヤニや鼻水や汗などと同質のものかどうかは別としても、その言葉は自身の排泄物であることには違いありません。そんな排泄物をむやみやたらに周囲に垂れ流していると、多くの人に迷惑をかけることになります。

定義

ほんらいの意味。
さらにその意味は、
場所や時代や世代の
違いで多岐に広がっていく。

029 三種の言葉の意味のからみ合い

「話せば分る」―と聞くと、多くの人が「話し合えば理解しあえる」と考えるのです。しかしそれは誤解です。話し合えば確かに互いの情報が分化されていくという意味において「分り」ますが、その話し合いによって、願いとは裏腹に、互いのイメージがどんどんとズレていきます。

言葉には、少なくとも三つの意味が混在しているからです。
一つめは、本来の言葉の意味（言葉の定義、ただし多種多様）。
二つめは、主観的意味（話す人の言葉の意味）。
そして三つめは、客観的意味（聞く人の言葉の意味）。

会話では、こうした三つの言葉の意味が複雑に交叉しながら進んでいきます。その結果、話すほどに、思いもよらない誤解が生じ続けます。

主観的

ワタシの意味。

客観的

アナタの意味。

「アサガオモシロイ」という音だけを聞いても「朝顔も白い」なのか「朝がおもしろい」なのかがはっきりしません。「傘ないよ」と「貸さないよ」を同時に云われたら困惑します。「法律的に話し合いましょう」といっても、お坊さんと弁護士とでは、その内容は明らかに違います。

日本人であれば、そんな聞き違いはしないだろうと考えるかもしれません。しかし会話が続くほどに、思いもよらない誤解が簡単に拡散していきます。1分間ほどの会話をリレーする伝言ゲームを行ってみると、始めと終わりの意味の違いの大きさに腰を抜かすかもしれません。

「美しい国」も「悪の帝国」も、「つまらない仕事」も「苦しい立場」も、まず始めに、そうした言葉を使う本人の「生い立ち」「経験」「立場」などといった主観的意味合いから発せられ、次にこうした言葉を千差万別の個人の主観で客観的に翻訳し、さらにそれらが伝言され、世界中で主観と客観と多種多様な定義とが絡み合いながら、ぐるぐると混迷し続けていきます。

名詞

人や物を示す。

動詞

動きや状態を示す。

030 やっかいな形容詞や副詞

同じ国の人であれば、「バナナ」「山」「車」などといった名詞のやりとりで、互いのイメージがそれほど大きくずれることはないでしょう。

「食べる」「走る」「泳ぐ」といった動詞においても、互いのイメージを、けっこう重ねることができるはずです。

では、形容詞（モノゴトの性質・状態・心情等を表す）や副詞（名詞以外の品詞や文を説明する）となると、どうでしょう。

「とても美しい女性を紹介しましょう」とか「すごく素敵な男性ですよ」などと云われて、ウキウキとして会いに行って、がっかりする――というのは、「とても美しい」や「すごく素敵な」と

形容詞

名詞を飾る。

副詞

他の品詞を飾る。

いった副詞や形容詞の部分に、云えた人と聴く人のイメージに大きなずれが生じているからです。

「大きい／小さい」「速い／遅い」「美しい／醜い」「高い／安い」「難しい／易しい」「善い／悪い」といった形容詞や、「とても」「すっかり」「おおいに」「たまたま」などといった副詞などは、会話や文章の中でしょっちゅう出くわしますし、そうした言葉は大抵の場合軽くあしらわれます。

ところが、誤解や口論は、たいていの場合、こうした形容詞や副詞に対する互いの解釈の違いから始るのです。

さらに、ここに外来語や外国語や専門用語までもが参入してくるわけですから、すでにこの時点で、頭の中身もこころ模様もゴチャゴチャです。

嘘

本当の裏側。

031 それでも言葉で

本当ではないことを「嘘」といいます。嘘とは「偽り」です。偽りとは「ありのままではない」ということです。ありのままではないというのは「事実ではない」であり、「本当の事ではない」ということですから、「嘘」だということになります。――と、辞書を片手に言葉を追い始めると、まるで迷路の中をグルグルと回り続けているような感じになります。

こうした言葉のあやふやさに気づき始めると、むやみやたらと言葉を使うことがおっくうになります。しかし同時に、世界中のほぼ誰もが、こうした不確かで未完成な言葉という道具を使いながら「ワタシは知っている」「ワタシは理解している」「ワタシは知識人である」――などと信じているのかと思うと、おバカなわたしにも、もう少し伸びしろがあるようにも思えて、少々うれしくもあります。

本当

嘘の裏側。

ともかくも「言葉では真実は伝わらない」「思いの共感化はできても同感化は出来ない」と明言しながら、この先もその言葉を使って「こころ」について話していこうとしています。

むちゃな話といえなくもないですが、「バカとはさみは使いよう」とも云います。言葉が「分る道具」「同感化できない道具」「真理を語れない道具」「排泄物」―であることを承知しつつ、「ウンコもうまく使えば肥料となる」―と希望を見出して、この先に話を進めます。

「同じ屋根の下で、同じ釜の飯を喰った仲」というように、言葉を使う者同士が時間や空間を共有している状況下では、言葉の本質に変りはないものの、表情、身ぶり、熱意といった、言葉以外の補足的情報によって、言葉による誤解がある程度軽減されます。こうしたところに少しくらいは希望を見出しておかないと、この先しゃべることができなくなります。

2　心思《こころ》のしくみ

2-1　こころとは

すべてはこころに始まり、すべてはこころで創られる[*11]

（シャカムニ）

ここまでは「こころのフィールド」「人間の性癖」「言葉という こころの道具」―などといった「こころ」の周辺部の説明でした。少々遠回りをしましたが、こうして前準備をしておくことで、おぼろげながらの「こころ」の正体が観えやすくなるはずです。

では、そろそろと「こころ」そのもの（しくみ）の話に入ります。

それでもこの先、日常の生活では耳慣れない用語がいくつかでてきます。まだまだ戸惑いが生じるかもしれません。しかし、あまり細かいことは気にせずに先へ進んでください。いずれ「こころ」とは、多くの人がさわぐほど難しいものではない―ということに、おのずと気づくはずです。

032 こころのすみ家

自然の部分であり、相対的であり、特別的であろうとする自分ー、自分の中の一種である人間ー、人間の一個人であるワタシー、そんなワタシの中にこころは宿っています。

そのワタシを示す原字が「ム（△）」です。

「ム（ワタシ）」の意味に関しては諸説ありますが、この本では、「三方から囲んだ姿を示す指示文字」[*1]の解説をもとに、「身体body（構造）」「心思mind（機能）」「精神spirit（エネルギー）」の三辺で構成される者がム（ワタシ）であるとする自説を重ねて話を進めていきます。

かりにコインの材料が「精神」、コインの表が「身体」、コイ

△

三つの角、
三つの辺から成る形。

ム

ワタシの原形。

私
内向きのワタシ。

公
外向きのワタシ。

ンの裏が「こころ」とイメージしてみると、「ム（ワタシ）」のことを理解しやすいと思います。

その「ム（ワタシ）」に「禾（のぎ）」をそえると「私」となります。稲を代表とする穀物（禾）が寄りそう「私」とは、穀物を喰らう、いわば内向きのワタシです。

またムと八を合わせて「公」と書きますが、字典の解説に「自ら営むをムとなし、背くを公となす[*3]」「公とはムが左右に開くさま[*3]」「ムに背くを公と為す[*2]」とあることから、これらをまとめて、「公」の原義を外向きのワタシと捉えます。

こうした結果、こころのすみ家は、原質的な「ム（ワタシ）」を中心として、内向きの「私（ワタシ）」と、外向きの「公（ワタシ）」といった三タイプのワタシの中―ということになります。

身体

身と体。
柔かい身と硬い骨。
からだの働き(機能)と
からだのつくり(構造)。

033
こころは心思《こころ》と読み書きする

「身」は身ごもった女性を表した象形文字*1だそうですが、切り身、刺身などといった熟語からも想像がつくように、筋肉や靭帯、あるいは内臓などのような、人体組織の中でも比較的に機能的な役割を担うからだの柔らかい部分を示しています。

「体」は旧字で體《たい》と書いていたように*2、人体組織の中でも、比較的に構造的な役割をになう骨というからだの硬い部分を示しています。ですから、からだ全体を示す場合には、体一文字ではなく「身体《からだ》」としたほうが的を得ています。

これと似た理由から、今後、こころを「心思」と書いて「こころ」と読んでいきます。「心思」は字典にある熟語です。字典ではこれに「しんし」というルビを添えていますが、この本では

心思

心と思。
こころのつくり（心）と
こころの働き（思）。

「こころ」と読んでいきます。「心」は心臓の形を模した象形文字、「思」は囟（頭→脳）を示した会意文字[*3]であることから、「心＋思」とすることで、こころのつくりと働きの双方を合わせた意味が、はっきりと表れると考えるからです。

ちなみに「心意」としてもこころを示すことはできますが、「意」はいまだメロディーがはっきりとしない単なる音＋心の「意《おも》い」です。ですから、ここではその「意」がさらに成長した「思《おもい》」を「心」という文字と組み合わせて「心思（こころ）」としています。

こころの構造的側面（つくり）を示すのが「心」、こころの機能的側面（はたらき）を示すのが「思」、その「心」と「思」を合わせて「心思（こころ）」――です。

ム《ワタシ》の三

身体と心思と精神。

身体

ワタシのハード。

034 心思《こころ》は精神ではない

心思は精神ではありません。
この事が重要だと気づく人には重要な話です。気づかない人にも重要ですが、気づかないので、どうにもなりません。

心思と精神のちがいは、

・文字がちがう。

・読みがちがう。

・意味がちがう。

つまり言葉の三要素ともいえる文字・読み・意味がすべて違い

心思

ワタシのソフト。

精神

ワタシのエネジー。

ます。笑い話ではありません。冗談でもありません。

しかし、このようなシンプルな事柄を勘違いしたまま用いている人は、自分のことを少々笑ってもよいかもしれません。

明らかに違うものを、同じものであると誤解したまま、それを知識としていることのほうが、どちらかといえば笑い話であり、冗談です。

子供らや小庶民の比喩のあそび程度の話しであれば、皆でほほえんでいればよいのです。しかし、大人でしかもその道の専門家のお歴々方が、こぞって心思と精神をごちゃまぜにしたままに取り扱っているとするならば、それはやはり大笑い――ということになります。

心思と精神の違いについては、ページ296～297で、もう少し詳しく説明しています。

035 心思《こころ》のつくり（構造）

「心思は何からできているのか」―。古代ギリシャのアリストテレス氏は「こころは心臓に宿る」と考えたそうです。だからでしょうか、日本では心臓の象形文字である「心」一文字で、こころを表すことが慣例となっています。

先ほど、この本ではこころを「心思」と書いて「こころ」と読む―とお伝えしました。

こうすることで、心思には「つくり（構造）＝心」と「はたらき（機能）＝思」があり、さらには、これらの絡みから生み出される「しごと（作用）」がある―というように、それまでつかみどころないように思えていた心思（こころ）の輪郭がくっきりと浮かび上がってくると考えるからです。

それでは、まずは心思のつくり（構造）について―。

【狭義の心思のつくり】

感覚受容器 ＋ 神経系 ＋ 脳

【広義の心思のつくり】

約60兆の細胞

＝全身

＝身体

現在の一般的な医学知識に沿うならば、人体内外の刺激や情報を感受する「感覚受容器」、それを脳に伝える「神経系」、届いた刺激や情報の解析や再生をおこなう「脳」――などが、狭義の意味における心思のつくり――ということになります。

ただし感覚受容器は、人体の表面や深部、そして頭の先から足の先までというように、身体の四方八方に散りばめられています。また人体を構成する約60兆の細胞一つひとつにも、何らかの感受機能があるようです。これらのことから、ひとまず広義の意味での心思のつくりは、60兆の細胞そのもの（全身）、つまり「身体」――ということになります。

そして、またもや「ただし」ですが、その細胞に影響を与え続けているさまざまな内的／外的要因を考慮すると、理論上心思のつくりは、この宇宙全体のすみずみにまで果てしなく広がっていくということになるのですが、これでは話が尽きません。

そこでひとまず「心思のつくりは身体である（広義）」――を、暫定的な答えであるとしてご理解ください。

感じる

感受。
刺激や情報を感受する。

←

気づく

感知。
感受したことを察知する。

036
心思《こころ》のはたらき（機能）

人体の内外から発せられる刺激は、人体各所の感覚受容器で色や音や香りなどの情報として感受されたのち、これらを固有の電気信号に変換し、化学物資（神経伝達物質）の助けを借りながら、神経に乗せて脳の各所に送ります。こうして感受↓感覚↓感知↓知覚↓認知↓認識されて「意《おも》う」という原初的な心思が生れます。

その後、この「意う」の濃度が徐々に増して、記憶と交えた「思《おも》う」や、その思いが外側へ向けて動き出す「想《おも》う」へと成熟していきます。

こうした一連の流れが、心思が生成されていく過程であると同時に心思の機能《はたらき》です。つまり心思の主たるはたらきは「感じて、気づいて、思考する」―ということになります。

ところで、刺激や情報といった心思の素材を感受する感覚受容器には「特殊感覚器」「体性感覚器」「内臓感覚器」の三種があ

← 覚える

感覚。感受した内容を把握する。

← 応じる

感応。感受した内容に反応する。

り、そこで生じる感覚は「特殊感覚」「体性感覚」「内臓感覚」と称されます。

「特殊感覚」とは、視覚（見る）、聴覚（聞く）、嗅覚（臭う）、味覚（味わう）、平衡覚（バランスをとる）などです。

「体性感覚」とは、皮膚感覚（触覚・圧覚・温覚・冷覚・痛覚など）や筋覚（運動感覚・振動感覚・深部痛覚）などです。

「内臓感覚」とは、飢えや渇きや性を感じる臓器感覚と内臓の痛みなどを感じる内臓痛覚を合わせた感覚です。

ちなみに心思ことをを2500年以上に渡って研究してきた佛教では、三種の感覚器をまとめて六根（眼・耳・鼻・舌・身・意）とし、その六根に六境（色境・声境・香境・味境・触境・法境）が交わることで、六識（眼識・耳識・鼻識・舌識・身識・意識）が生じ、これが世俗の世界を映しだしている―と説明しています。

意う
自己のこころの輪郭を表わす。

思う
自己のこころのかたちを表す。

037 三つのおもう

心思《こころ》の主たる働きの一つである「おもう」──は、密度や濃淡や指向性の違いから、おおむね三つ（意う・思う・想う）に分類されます。

一つめの意《おも》うは、ワタシの中で最初にできる心思です。この心思は、「寒いな」「眠いな」というように、感覚が少し膨らんだ幼児期のような心思です。ワタシの外から内へ一方通行的にやってきた刺激や情報の一応の終着点での心思です。

二つめの思《おも》うは、ワタシの「記憶」と「意う」が交わって色濃くなっていく少年期のような心思です。人は「寒いな」「眠いな」と感じると、その感覚が引き金となって関連する記憶を引出します。そして「これでは風邪をひくぞ」「最近は睡眠不足だ」

想う

自己のこころをめぐらせる。

などと思います。

三つめの想《おも》うは、「思い」の密度や濃度がさらに高まり、何らかのリアクションを起こして外に向かい始める青年期のような心思です。「寒いからヒーターを入れようかな」「眠いが宿題をしておかないと、先生から叱られるだろう」などの想いです。

その後、こうしたおもいから、考える、要望する、欲望する、願望する、希望する、失望する―などというように、心思は次々と展開・拡大・萎縮―をくり返しながら変化し、その結果、各自固有の「ワタシの心思」が形作られていきます。

ただしそれらのおもいは、つねに自分の特性である「部分的」「相対的」「特別的」―の影響下にあり、部分に囚われて全体が見えず、何かと何かを相対的に比べることでしか活動できず、特別なワタシでありたいと願いながら、もがいていきます。

038
心思《こころ》のしごと（作用）

人間の命は、ひとまず受精した卵の分裂（分かる）から始まります。

その中には両親双方から分かれた染色体が受け継がれています。臨月をむかえると、胎児は母体に別れをつげてこの世界に出で、その後徐々に、自己の内（身体）と外（外環境）との違いを判り始めます。

そうした命に宿る心思が成育するにつれて、色を見分け、音を聞き分け、香を嗅ぎ分け、味を選り分け、好きと嫌いを分けながら、さらに成長していきます。学校に通い始めると、さまざまに分けられた科目を学び、分かると喜び、分からないと落ち込み、試験の設問に向かい、そして問題を解きます。

分《わか》る

解《わか》る

判《わか》る　そして・・・・　別《わか》る

社会に出ると、公私の区別、善悪の判断はさらに強化され、学歴や職種の差別に怒り喘ぎながら、歳を重ねます。そしてやがて、人生の中で生じた様々な感情や記憶や周囲の人々に別れを告げて、次世へと旅立ちます。

ワタシの心思は、「わかる（分る・解る・判る）」を一生おこない続けます。数々の「わかる」から得られる情報をもとに、いま自分に必要なものを選り分けて得ようとします。そうしなければ、自己の命を守り育むことができないからです。

この「わかる（分る・解る・判る）」ことこそが、心思の真骨頂―、つまり心思に課せられた重大な作用（仕事）です。

ところが「長所は短所」とはよく云ったもので、「分る」をしごと（作用）とする心思が「分らないこと」に出くわすと、途端にその機能は混乱し、そこに不安や迷いが生じるのです。

変動心

原則的な心思。

不動心

ありえない心思。

039 心思《こころ》は変わりつづける

春に芽を出した草木は、夏に葉をしげらせ、秋に実をつけ、冬には枯れて次の再生に備えます。人体の中では、１時間に１００億個ほどの細胞が入れ替わっているといいます。あたかも止まっているかに思えるこの地球は、時速１７００㎞ほどの速度で自転しながら、時速１０万㎞ほどの速度で太陽の周りを公転し、さらにその太陽を中心とした太陽系は、時速８５万㎞ほどの速さで銀河を公転しているのだそうです。*29・30・31

こうしてつねに動き変化し続ける自然の中にあって、心思の流れを無理に止めようとすれば、滞る川の水のように腐敗するのは必定です。執着、執念、恨み、妬みなどといった感情は、ある特定の部分に滞る心思です。滞る心思はいずれ腐ります。生きている限り「不動心」などという心思は存在しません。

動かないことを「止」といいますが、「止」は「死」の同音類義語です。

動揺心

ぐらつく心思。

揺動心

ゆらぐ心思。

ただし流れが早すぎると激流に飲み込まれ、のんびりとしすぎると同じところをクルクルまわって先へ進めません。
怒り、愛や憎しみといった感情は、まるで激流のようです。いっきに流れ、あらゆるものを破壊します。強力な炎にも似ています。まわりのものを焼き尽くします。
不安は、遅い流れが迷路に迷い込んだような感情です。不安のままいくら先に進もうとしても、同じ所をクルクル回るばかりで、出口にたどり着くことはできません。

心思の流れには、滞らず、速すぎず、遅すぎずの、ゆらぎ加減が欠かせません。

心思は「わかる（分化）」と「わからない（統合）」のはざまで加減にゆらごうとしています。一つ時や所に滞ることなく、適度な速度で、サラサラと流れ、変わり続けようとしています。
ここに逆らえば、簡単にくずれ落ちます。

引力
近づけようとする力。

揺《よう》力
ゆらごうとする力。

斥力
遠ざけようとする力。

040 心思《こころ》の三つの力と三つの性（能）

ワタシの心思は、「○（好き／肯定）」「×（嫌い／否定）」「△（どちらでもない）」というおよそ三種の反応によって、その形をつくったり変化させたりしています。こうした反応を物理学的な用語にたとえると、○が「引力」、×が「斥力」、どちらでもない△が「揺力」といったところです。

心思の「引力」とは、ワタシの好きなものは何でもワタシに引きつけようとする力です。たとえば「愛」は引力の代表的な感情です。「斥力」とは、ワタシの嫌いなものはすべてワタシから遠ざけようとする力です。たとえば「憎しみ」などの感情です。

「揺力」とは、はっきりとしない気分のままに、引力と斥力のはざまでユラユラとした揺れを生じさせる力です。たとえば「迷い」「不安」「未定」などといった当てのないゆらぎです。

悟性
先天的志向性。

知性
後天的志向性。

理性
本質的志向性。

「引力」「斥力」「揺力」を引き起こすのは感情や気分ですが、その感情や気分の源泉を「悟性《ごせい》」といいます。悟性は自己の証ともいえるものです。これをうまく使えば生きるために必要な気力を奮い立たせる正のエネルギーとなります。しかし、まちがって使うと、いたずらに自我を拡大させ、自己や他者を簡単に破壊してしまう負のエネルギーとなります。

こうした自己のアクセルともいえる「悟性」をうまくコントロールするためには、ブレーキやハンドルが必要です。そのブレーキにあたるのが「知性」、ハンドルが「理性」です。

「知性」とは集めた情報をうまく処理する働きです。「理性」とは、悟性と知性をうまくコントロールしながら、目指すべき進路を見極める能力です。「悟性（アクセル）」「知性（ブレーキ）」「理性（ハンドル）」という三つの性（能）によって、はじめて心思の安全運転が可能になります。

041 心思《こころ》はめぐる

廻《めぐ》る

モノが回転するようにめぐる。

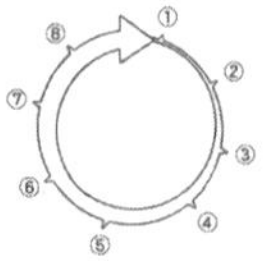

ほんらい分ることのない心思の変化の様子を、便宜的に次のように８つに分類してみます。

① 空きる（カラッポになって厭きる）
② ないものねだり（必要素の要求開始）
③ 分かる（検索）
④ 比べる（比較）
⑤ 選ぶ（選定）
⑥ 傾く（摂取）
⑦ 飽きる（満タンになって厭きる）
⑧ 消化する（間）
―①にもどる

ワタシの心思は、およそこうした８つのポイントを経過しながら「好きと嫌い」「苦しいと楽しい」―といった対称的な二つの支点を円環上の双極にすえて、くるくると廻り続けています。

巡《めぐ》る

川の流れのようにめぐる。

ただし、廻り続けているのは一つの事柄だけではありません。ありとあらゆる対称的な二項が、円環上を巡っています。

たとえば――、

「明暗という対称性」

「寒熱という対称性」

「貧富という対称性」

「愛と憎しみという対称性」

――などなどのように。


こうして心思は、おおむね円環上の「空きる（カラッポ）」と「飽きる（満タン）」といった二項の狭間を休むことなく巡っています。そうした二項の内容の種類や数の多さに、多くの心思はアタフタとするわけですが、先ほどお話ししたように（ページ126～127）、これを、○（たとえば好き）、×（たとえば嫌い）、△（どちらでもない）というように、三つの枠に納めていくと、とても扱いやすくなります。

042 心思《こころ》はないものねだりする

心思が、空きる―ないものねだりする―分かる―比べる―選ぶ―傾く―飽きる―消化する―もとにもどる―というように、クルクルと巡り続けているのには理由があります。

心思は、酸素がなくなれば酸素を求める（息を呼けば吸う）、腹が空けば食物を求める―というように、命を守るために、いまこの時に必要なモノ＝「ないもの」を刹那刹那に感じとりながら、それを求めるように指示を出すという役目を担っているからです。

「ないものねだり」とは、命を守り育てるためには欠かせない「要望」です。しかも、そこで加減（多すぎず少なすぎず）にゆらぐ（止まらず）を心得ていれば、最適です。

ないものねだり

生きるために必要な要望。

加減を心得たないものねだり

生きるために必要な適度な要望。

あるものねだり

生きるために必要ない欲望。

ないものをねだらない

生きることができない抜望。

ところが油断をしていると、「ないものねだり」は、しばしば「あるものねだり」へと変貌します。そうすると、とたんに心思はバランスを失います。「ないものねだり」が生きるために必須の要望であるに対して、「あるものねだり」はたんなる「欲望」だからです。

欲望は谷が欠ける望と書きます。つまり「谷（マイナス）はいらない。山（プラス）だけでいい」―、それが欲望です。

人間からながめた自然界は、山と谷といった対称的な二項が互いに相補相関しながら成り立つ現象（現消）の世界です。そんな世界で「山だけでよい。谷はいらない」などという話は通用しません。

それでもあえて欲を望むというのであれば、心思の乱れや崩れから逃れることができないことを、欲と共に受け入れなければなりません。

共感

人間が得意とする響感覚。

同感

自己を消滅すればあるかもしれない感覚。

043 心思《こころ》は主観的だが共感できる

視覚・聴覚・平衡覚・嗅覚・味覚などをまとめて「特殊感覚」といいます。皮膚の温度・圧・痛み・筋肉や靭帯の伸縮や振動などの感覚をまとめて「体性感覚」といいます。空腹・喉の渇き・内臓の痛みなどの感覚をまとめて「内臓感覚」といいます。

これら三種の感覚によって伝えられた情報と、ワタシの記憶との交わりで、ワタシ固有の心思の形がつくられていくのですが、その心思に同じものは一つとしてありません。夫婦や親子、恋人同士や親友でさえもです。

心思は常に主観的です。自分の思いと人の思いの間には、けっして埋めることのできない深い溝があるのです。「感受する刺激や情報の種類」「感受能力そのもの」「刺激や情報を読み解く手順や方法」、あるいはそのカギをにぎる「脳や細胞の記憶のひと

鈍感

察しが悪い人の感覚。

敏感

察しがよすぎる人の感覚。

つひとつ」が、各自ですべて異なります。

にもかかわらず、他人の気持ちが理解できたかのように思えるのは、人間は他の動物には希少なあるひとつの能力がとびぬけて高いからです。それが「共感力」です。

人間は、機械のように同感（まったく同じ感覚をもつ）はできないものの、音叉にも似た共感力によって「適度に的《マト》を得ている」――といった辺りで、他人の心思と共感／共鳴できます。

だからこそ「我が身をつねって人の痛み知る」――という疑似体験を持つことができ、他人の痛みを、まるで自分の事のように感じます。

「人間の性癖」の節で、人間の欠点部をさんざん並べましたが、そうした人間の性癖すべてを相殺できるほどの力を秘めているのが「共感力」です。

色

その場的に視覚を刺激するモノ。

音

その場的に聴覚を刺激するモノ。

044 心思《こころ》は染まる

透明な水に、赤い絵の具をそそげば、その水は赤く染まります。黄色をそそげば、黄色に染まります。コーヒーの粉をそそげば、コーヒーの味がします。スープの粉をそそげば、スープの味がします。どれもがあたりまえの話しです。

体内外の刺激や情報によって組み立てられていく心思は、幾つかの遺伝子情報を受け継いでいくそうですから「透明な水」というわけにはいきませんが、生後に的《マト》をしぼると、「半透明な水」くらいのことは謂えそうです。そうしたワタシの心思は『孟母三遷』の教訓でも知られるように、けっこう簡単にさまざまな色や味に染まります。

味

その場的に
味覚を刺激するモノ。

匂

その場的に
嗅覚を刺激するモノ。

テレビ、ラジオ、新聞、教育、書物、家庭の環境、生活圏の環境、自然環境などから、その時々にワタシに降り注ぐ刺激（客体的）や情報（準客体的）――、そしてこれらに反応しているワタシ自身の気質や記憶や体調（主体的）、さらにはこうした刺激や情報を感受しているその時々のワタシの前提や予測や反応（準主体性）――。こうしたものが、ワタシの心思を染めたり味付けしたりしていきます。

それらの中でも、頻度や質量の大きい刺激／情報ほど、ワタシの心思に強く大きな影響を及ぼします。

こうして心思は、これらのモノゴトによって、いともたやすく「賢にも愚」にも、「善にも悪」にも染まります。

045 心思《こころ》は加減をもとめる

右のバランスは左によって保たれます。
左のバランスは右によって保たれます。
当たり前すぎるくらいの、普通の話です。

では心思のバランスは何によって保たれるのか——、

心思のバランスは「バランスとアンバランスとのバランス」によって保たれます。「体内外のモノゴトが、バランスとアンバランスの狭間で加減よくゆらぐこと」——で、心思のバランスは保たれます。（これを Balanced Balance と称しています）

だからこそ、ワタシの心思は、無自覚ながらに、静的にも動的にも適度なゆらぎを求め、動き続けます。その結果、ユラユラと加減にゆらぐのです。

ゆらぎ加減

静的にも動的にも
あらゆる時や場や状態に応じて
多すぎるモノゴトを減らし
少なすぎるモノゴトを増やし
止まることも、滞ることも、固まることもなく
バランスとアンバランスの狭間を
適度に加減よく、ユラユラと巡ること—。
ワタシの心思はこのような加減なるゆらぎを求めています。

046 この節のまとめ―のような

全体的（すべてである）
絶対的（比較するモノがない）
普通的（あらゆるところに通用する）
という三つのキーワードで示される自然
―から分かれたかに映る、

部分的（ほんの一部）
相対的（比べるモノで答えがコロコロと変わる）
特別的（そこでしか通用しない）
―という自分の特性の影響を、

強く受け続けているのが
ワタシたちの「心思《こころ》」です。

【自然】
全体的
絶対的
普通的

2

【自分】部分的 相対的 特別的

分かろうとするワタシたちにとって、
心思とは、
身体でも精神でもありません。

しかし、

その「ではないもの」である心思と身体は表裏一体です。
そして、その一体は精神からつくられる—と気づくことで
心思、身体、精神—そのすべての根源が、
自然であることに思い至ります。

全体的、絶対的、普遍的な自然を省みないままに、
部分的、相対的、特別的な自分の中にある、
心思の理解はありえません。

2-2 心思《こころ》のでき方

ロバは黄金よりもワラを選ぶ[*20]
（ヘラクレイトス氏）

「心思はどのようにしてできるのか」―。このような問いに明確に答えることができるでしょうか。

いま現在のわたしが知る限りでは、こうした問いに対する答えを明示しているのは、アビダンマと呼ばれる佛教の論理だけのようです。だからというわけでもないのでしょうが、「量子学と対話できる宗教があるとするならば、それは佛教である」[*29]―と、アインシュタイン氏がおっしゃったのだそうです。

ただし、わたしはアビダンマに記載された言葉の上面を知っているというだけで、その中身が「どれほどの事なのか」―は、いまの実力では十分に計り知ることはできません。

いずれにしても、この本では自然の律動に則して、これまでの話の流れに沿って先に進みます。当分、分ったような分らない話が続きます。また、分りづらいテーマを三（3・参）という数字に託して進みますから、少々抽象的な話だと感じるかもしれません。

しかし、ここで難しいと感じたとしても、本幹をゆるがすほどのものではありません。たとえばコウモリの聞こえる音が聞こえなくても、人は困ることなく生きています。細かいことはあまり気にせずに、気楽に先へとお進みください。

心思は
内と
外との
交わりで
生じる。

047 心思《こころ》のでき方のガイドライン　その1

ワタシの心思は「内」と「外」が「交わる」ことでつくられます。ここでいう「内」とはワタシ自身のこと―、「外」とはワタシ以外のすべてのモノゴト―、そうした「内と外とが交わる」ことで、今この時のワタシの心思がつくられていきます。

ただしその心思は、その心思が生じる以前の条件（前提）や、後の条件（予測）に強い影響を受けています。たとえば心思にとって「自分の足で登るヒマラヤと飛行機の中から見下ろすヒマラヤ」は違うヒマラヤであり、「金曜日の夜と日曜日の夜」は同じ夜ではありません。

さらに、そうした心思には―、
「内（個性＝ワタシ）が常に変化し続けている」
「外（ワタシ以外のすべてのモノゴト）に限りがない」

心思は前提や予測に条件づけられる。

「前後の条件（前提や予測）が常にちがう」
──といった、三つの根本的な条件が絡んでいます。

こうした結果、おおむね「心思がどのようにしてできるか」を説明することができても、「どのような心思ができるか」──に関しては、他人はもちろんのこと、当の本人でさえも「分らない」のです。

ところが人間は、原則的に感受した刺激や情報を「分かる（分ける＝区別する）」ことで命を育み心思を動かす動物ですから、分らないモノゴトに対してまったくお手上げです。しかし、分けなければ生きることができない人間は、無自覚ながらにも「分らない」モノゴトを「分かった」ような振りをしながら命をつないでいます。ただし、こうしたことさえも、ワタシという自然の部分である人間が偉そうに断定できる話など、じつはどこにもありません。

048 心思《こころ》のでき方のガイドライン　その2

たとえば多くの人が本当の「幸せ」がどこかにあると信じています。しかし本来そのようなものはどこにも存在しません。人が「幸せ」を感じているのは、ある程度の「辛さ」の後にやって来るひと時であり、いま「辛さ」を感じているのは、それ以前に「幸せ」を感じていたからです。

「寝てはいけない」という条件から解放されるだけで、人は「幸せ」を感じます。ご馳走を食べ続ければ、それがやがて「辛さ」となります。１０度の水に手を浸していた人は２０度の水をお湯と感じ、４０度のお湯に手を浸していた人は２０度の水を水と感じます。

「幸せ」と感じている条件がずっと同じならば、それはやがて「辛さ」となる─、残念ながらこれがワタシ達が惑う「心思」の正体です。ためしに愛する人とひと時も離れることなく暮らしてみてください。やがて、そのことが苦痛になります。

分からない
ナニカを
分かった
ような
振りを
しながら
ゆらいでいる。

ワタシ達人間は、常に変化し続ける条件の中で、何かと何かを比べ、そこに生じる差違を感じとり、こうした現象を実在とし、泣き笑いしながら、自らの心思をゆり動かしています。

こうして不確かな心思をつくり続けるワタシ達は、自然という「分らないナニか」を、無自覚のままに「分かった」としながら命を守り育みます。しかし無限なるモノゴトに対して分かったような振りはできても、実際に分ることはできません。

だからこそ科学は世に提示する回答を「暫定真理」と呼び、宗教は分らないことを「神に丸投げ」します。本物の科学者や宗教者であれば、間違いなく「分らない」ことを認めたうえで、分かったような振りをしていることを自覚しているはずです。

しかし「分らない」と言い続けていてはこの先に進めません。そこでひとまず心思の最大公約数ともいえる三（3・参）という数字に託して、分からないモノゴトを、分かったような振りをしながら、分かったようで分らない心思のでき方のその先へ進みます。

049 三つのワタシ

ワタシの心思《こころ》をつくるのは、もちろんワタシ自身にちがいないのです。しかしそのワタシには、少なくとも三つのワタシが同居しており、時や場に応じて、その内のいずれかが先頭に立ち、他のワタシは後ろに控えています。それが―、

「内向きの私（禾＋ムのワタシ）」

「外向きの公（八＋ムのワタシ）」

「中間のム（原形のワタシ）」

―といった三タイプのワタシです。

私

内向きのワタシ。

公

外向きのワタシ。

ム

ワタシの原形。

鬼

強烈に利己的なワタシ。

内向きの私《ワタシ》が先頭に立つと、善い意味では「個性的」、悪い意味では「利己的」な心思の傾向をみせます。

外向きの公《ワタシ》が先頭に立つと、善い意味では「利他的」、悪い意味では「自棄的」な心思の傾向をみせます。

中間のム《ワタシ》が先頭に立つと、善い意味では「利自他的」な心思がつくられます。ただし、観方によっては本来の原義とは裏腹に、ふらふらと定まりのない「いい加減なヤツ」と観られるかもしれません。

ちなみに、「甶」とは大きな頭、「儿」とはふらつく足、「ム」とはワタシのこと——。そして、この三つの文字を組み合わせると「鬼（甶＋儿＋ム）」となります。鬼とは、どこかにいる魔物のことではありません。自分の都合だけを優先する超利己的な大きな頭をもつワタシの化身です。＊2〜4

本性

【三つの脳】

050 三つの脳機能

内向きの私《ワタシ》、外向きの公《ワタシ》、中間の厶《ワタシ》といった三つのワタシが心《こころ》思をつくる主役であるとするならば、この主役を陰で支える脇役がいます。

それが、脳を深層から表層に向かって分類される「本性」「感性」「知性」といった三つの脳の働きです。

ここでいう「本性」とは、呼吸、食欲、性欲、体温調節などといった命を守るための直接的機能のことです。

この脳の深層部の働きに偏ると、その人の心思向きは、善くいえば「野性的で活動的」、悪くいえば「野蛮で粗暴」な傾向を示すことでしょう。

感性

知性

「感性」とは、喜怒哀楽や好き嫌いなどの感情を司る中間層の脳機能のことです。ここに偏ると、その人の心思向きは、善くいえば「センスが良く魅力的」、悪くいえば「感情的で情緒不安定」な傾向を示すことでしょう。

「知性」とは、思考、知識、道理、論理などといった人間らしさを司る脳の表層部の脳機能のことです。ここに偏ると、その人の心思向きは、善くいえば「知性的で思慮深い」、悪くいえば「姑息でずる賢い」傾向を示すことでしょう。

「本性」「感性」「知性」という三つの脳の働きが、私（内向き＝私的）、公（外向き＝公的）、ム（中間＝中庸的）といった三つのワタシに寄りそいながら、ワタシの心思を少しずつ形づくっていきます。

051 三つの性

三つのワタシ（私、公、ム）と三つの脳機能（本性、感性、知性）といった主役と脇役に色を付けるのが、男性、女性、中性といった三つの性差です。

性同一障害（この用語は差別的で好きになれません）の名でも知られるように、外見だけでは男女差を語ることはできないことは、近ごろでは周知の事実ですが、脳機能や性ホルモンの違いから生じているこうした三種の性差が、何らかの影響を心思へ与えていることは明らかです。

近年になって知られてきたのが、左右の大脳半球をつなぐ脳梁という部分に男女差があるというものです。まだ確定したというわけではないようですが、仮に女性のほうが男性よりも脳梁が大きいというのであれば、左右の大脳半球機能の連絡度合が男性に比べて高い――、あるいは左脳と右脳の機能差が男性に比べて小さいーのではないかと推測されます。

もし、そうであるならば「女心と秋の空（イギリスでは「女心と冬の風」だそうです）」というように、古今東西で経験的事実として知られる女性の心変わりの速さや柔らかさは、医学的にも事実であるということになりそうです。

中性

女性

女性は男性に比べて融通性が高く変化に強い傾向。
（善くいえば「柔軟」、悪くいえば「軟弱」）
男性は女性と比べて融通性が低く変化に弱い傾向。
（善くいえば「意志が固い」、悪くいえば「頑固」）
中性は男女の長短をあわせ持つ傾向。
（善くいえば「男女の長短を合わせ持つ」、悪くいえば「感情がまだら」）

少なくともこうした性の差が、ワタシの心思《こころ》に少なからずの影響を与えていきます。

052 三つの体型

心思《こころ》と身体に相関性がみられることは、薄々ながら多くの人が気づいているはずです。また、心思と身体の相関性を研究したクレッチマー氏やシェルドン氏をご存じない専門家はいないと思います。

【三つの体型】

痩身《そうしん》

エルンスト・クレッチマー氏（独１８８８～１９６４）は、体型と気質の相関性を研究された方です。痩せた人は神経質で分裂気質傾向にあり、平常時は静かで控えめの傾向を示す。肥えた人は、躁うつ気質傾向にあり、平常時は温厚で社交的な傾向を示す。筋骨質の人は頑固でてんかん気質傾向にあり、平常時は礼儀正しく几帳面な傾向を示すーと伝えています。

ウイリアム・シェルドン氏（米１８９９～１９７７）は、受精卵にみられる三層の胚葉から形成される人体器官と気質との相関

筋骨

肥満

性を研究された方です。その研究成果は、先に紹介したクレッチマー氏の体型性格論とおおむね一致しています。内胚葉が他の胚葉より優位に発達した人は内臓緊張型で肥満傾向を示すとし、これが先の躁うつ気質と重なります。中胚葉が他の胚葉より優位に発達した人は身体緊張型で筋骨質傾向を示すとし、これが先のてんかん気質と重なります。外胚葉が他の胚葉より優位に発達した人は頭脳緊張型とよばれ、これが先の分裂気質と重なります。[*23]

こうして専門家の方々の研究を紹介しているのは「いまから占いや性格分類を始めましょう」といった話のためではありません。

「身体と心思はコインの裏表のような関係にある。身体（構造）と心思（機能）は相関する。身心は一如である」ことや、体型の違いや受精卵の状態を三つに分類することで「だれもが容易に分かったような気になる」という錯覚に気づくだろうという話です。

053 三つの必須要素

三つのワタシ（私、公、ム）と三つの脳機能（本性、感性、知性）を基盤として、そこに三つの性（男性、女性、中性）や三つの体型（細、太、筋）が色付けする――、こうして徐々に形づくられていくワタシの心思《こころ》に、さらに「柔らかさ」「バランス」「強さ」といった三つの必須要素が加わります。

【三つの要素】

柔軟

・多様性
・寛容性
・共感性
・包容性
――など。

産まれてくる赤ちゃんの身体が「柔らかい」のは、母親が出産しやすいようにです。しかし二本足で立ち上がり歩行するためには、誕生から約一年の間に必要な「バランス」感覚や、身体を支えるために必要な「強さ（筋力）」を養う必要があります。

こうしてワタシの身体は「柔らかさ」「バランス」「強さ」といった三つの身体要素によってうまく機能していきます。

もちろん身心一如にもとづいて、心思も身体と同じように、

2

平衡

・私と公と中間（ム）
・本性と知性と中間（感性）
・主観と客観と中間
・能動と受動と中間
・興奮と鎮静と中間
・積極と消極と中間
・拡散と収束と中間
――など。

強靭

・叱咤激励への耐性
・非難、罵詈雑言への耐性
・不遇への耐性
・孤独感、疎外感への耐性
――など。

「柔らかさ」「バランス」「強さ」といった三種の要素が欠かせません。

一個人の限られた経験知や学習知のみを頼りとせず、自然という全体を基盤とした俯瞰的で多様的なモノゴトの観かたや考え方ができる「柔らかさ」――。

人間と他生物、自己と他者、経験と学習、科学と宗教などといった双極に偏ることなく、二項とそのはざまにある数々のモノゴトに配慮できる「バランス」感覚――。

辛い負荷にも耐えられる体力と同じように、批難、中傷、悪口などといった心思への重圧に押しつぶされることのない自立できる「強さ」――。

こうした三つの必須要素によって心思の加減が養われ、その輪郭を明らかにしていきます。

054 心思《こころ》の素材 - 三つの情報

三つのワタシ、三つの脳機能、三つの性、三つの体型、三つの必須要素などの内的条件によってワタシの心思がつくられていきます。ただし、これまでの流れを料理にたとえると、ようやく台所の準備ができた―といったところです。

この先は、いよいよ心思づくりの実際です。その手始めが、心思の素材集めです。使われる材料は「外来情報」「内在情報」「表出情報」といった三つの入力情報です。

【三つの情報】

外来情報

ワタシの外側（体外）から感受される刺激や情報です。

「外来情報」とは、自然環境やメディアや会話や学習などを通じて、ワタシの外側（体外）から感受される刺激や情報です。

「内在情報」とは、記憶および内臓諸器官、あるいは全身の細

内在情報

ワタシの内側（体内）から感受される刺激や情報です。

表出情報

ワタシの内側（体内）から外側（体外）に向かって放出される刺激や情報です。

胞が発する渇き・空腹感・違和感・痛みなど――ワタシの内側（体内）から感受される刺激や情報です。

「表出情報」とは、外来情報と内在情報との交わりで生じた結果がワタシの外側に表れたものです。顔つき（表情）、言葉（表言）、振るまい（表動）などがこれにあたります。

ところで、これら三種の素材（入力情報）は、それぞれの名称は異にするものの、そのすべてが、もともとワタシの外側にあった色・音・香・重力・飲食物などといった外在の刺激や情報です。内在情報でさえも一昔前に外側から得たものです。

つまり、ワタシの心思のみならず、ワタシのすべてが外側の素材からできている――、「内（ワタシ）は外の塊であり、内の集合が外」だということです。このことは、この先決して忘れてはならない最重要事項です。

055 心思《こころ》の素材 - 三つの刺激

三つの情報は、もともと、そのどれもが外側にあった「刺激」の数々です。それらの中で、ワタシが有用化した刺激を、ここでは「情報」と称しています。

たとえば、音は単なる音であり、そのままでは「刺激」です。ですが、その音にワタシが気づいたとたん、その音になんらかの意味合いが生じ、それがある種の「情報」となります。

そうした理由から、三つの情報の名称を、外来情報、内在情報、表出情報としています。

【三つの情報】

家庭環境

ところで、この三つの情報と同等もしくはそれ以上に、無自覚ながらワタシの心思に大きな影響をおよぼしているモノゴトがあります。家庭環境、社会環境、自然環境―といった階層のちがう三つの環境から、休みなく降り注ぐ刺激の数々です。

社会環境

自然環境

家庭環境（家庭空間、家族構成、家族慣習、家庭の物品等）
社会環境（国風、街並み、学校や会社環境、地域の慣習等）
自然環境（風景、気温、気湿、気圧、日照条件等）

こうした「有るには在るが、はっきりと意識化されていない（無自覚的な）ワタシの周辺のモノゴト」が、気づかぬうちに、しかし確実に、ワタシの心思に影響を与えています。そこで、これらを「三つの刺激」と呼び、先に説明した自覚的に感受される三種の情報と区別しています。

ところで心思の素材には、三つの情報と三つの刺激以外に、自覚と無自覚の中間に現れる「夢」があります。刺激や情報につぐ第三の素材ともいえる夢とは、意識と無意識のはざまに横たわる溝を補てんする調整剤のような役割を果たしていると考えられます。その証拠にとはいかないまでも、意識と無意識の双方の溝がうまく埋れば、おのずと夢を見なくなります。

056 三つの受け皿

有用化される情報が三つ、無自覚ながらに影響を受けている環境からの刺激が三つなら、こうした情報や刺激を感受する受け皿にも三つあります。それが、頭の先から足の先まで、皮膚から内臓器に至るまでー、身体の隅々にちりばめられている「特殊感覚」「体性感覚」「内臓感覚」といった三つに分類される感覚受容器から生じる感覚です。

【三つの受け皿】

特殊感覚

視覚・聴覚。嗅覚・味覚・平衡覚などの感覚。

「特殊感覚」とは、視覚（目）・聴覚／平衡覚（耳）・嗅覚（鼻）・味覚（舌）などのように、おおむね体外からもたらされる刺激や情報を感受したのち、これが発火点となって生じる感覚です。

「体性感覚」とは、触覚・圧覚・温覚・冷覚・痛覚（皮膚）や、運動感覚・振動感覚・深部痛覚（筋／腱）などのように、おおむね体内外からの刺激や情報を感受したのち、これが発火点と

体性感覚

皮膚や筋や靭帯の伸縮感覚・触覚・圧覚・温度感覚などの感覚。

内臓感覚

のどの渇き、空腹感、腹の痛み、性感などの感覚。

なって生じる感覚です。

「内臓感覚」とは、異常時にはたらく内臓痛覚（臓器の違和感や痛みなど）や、正常時にはたらく臓器感覚（空腹感やのどの渇きなど）、あるいは性感覚（自慰行為や性交時に生じる感覚）などのように、おおむね体内からもたらされる刺激や情報を感受したのち、これが発火点となって生じる感覚です。

このような三つに大別される感覚が、全身を網羅する感覚受容器や知覚神経を通じて脳に送られて何らかの反応を示すのですが、そうした反応や、これらの反応への対応の連鎖や蓄積によって、ワタシの心思《こころ》はさらなる仕上がりを見せていきます。

さらに細かくいえば、約６０兆の全身細胞や、共棲する体内や体表に巣くう数千種におよぶという細菌方の感覚も配慮しなければならないわけですが、「そんなことは分からない」――ということで、こうした説明は省きます。

057 三つの反応

三つのワタシ、三つの脳機能、三つの性、三つの体型、三つの必須要素、三つの情報、三つの刺激、三つの受け皿などの複合的な影響を受けながら、まだまだ未完成なワタシの心思は、次のような三つのうちの、いずれかの反応をみせます。

【三つの反応】

肯定的〇

ひとつ目は「肯定的（〇）な反応」。

今しがた感受した映像や音、匂いや味や肌触り、あるいは筋肉の伸び縮みなどに対して、これを是（分かった、気に入った、善い）として受け入れる――といった反応です。

二つ目は「否定的（×）な反応」。

今しがた感受した映像や音、匂いや味や肌触り、あるいは筋肉の伸び縮みなどに対して、これを非（分からない、気に入らない、悪い）として受け入れない――といった反応です。

保留的△

否定的×

三つ目は「保留的（△）な反応」。
今しがた感受した映像や音、匂いや味や肌触り、あるいは筋肉の伸び縮みなどに対して、是でも非でもなく（分ったようでわからない、判断がつかない、はっきりしない）として保留しておく——といった反応です。

こうしてワタシの心思は、生れてから死ぬまでの間、絶え間なくワタシに降り注ぐ各種の刺激や情報に対して、臨機応変に、

「肯定（○）」
「否定（×）」
「保留（△）」

——の中から択一しつつ、反応し続けています。

058 三つの対応

三つの感覚受容器から感受した刺激や情報に対して、三つの反応（○：はい、×：いいえ、△：どちらでもない）を見せたワタシの心思は、これを受けて、自覚／無自覚に関わらず、引き続き三つの対応（分化的、統化的、揺的）を行います。

【三つの対応】

わける

分化的（わける）対応とは、入力した素材（刺激や情報）を細かく切り刻んで理解しようとする対応です。

たとえば目が覚めている時―、つまり覚醒時は「ワタシとアナタ」「朝と夜」「仕事と遊び」「嬉しいと悔しい」「高いと安い」「おいしいとまずい」―などと、すべてのモノゴトを細かく分けていく分化的な心思の対応が優先されています。

統化的（まとめる）対応とは、すでに細かく切り刻まれた（―かに映っている）素材（刺激や情報）を、様々な分野から多くか

まとめる

ほどほど

き集め、それらに共通する法則性を見出し、根源に至ろうとする対応です。またそれらの差違に囚われない対応ともいえます。

たとえば天才方が何らかの法則を見出す時などは、さまざまな情報が統化された結果です。あるいは「ワタシとアナタ」「朝と夜」「仕事と遊び」「嬉しいと悔しい」「高いと安い」「おいしいとまずい」―などの区別がされない熟睡時は、心思の統化↓統合的な対応が優先されています。

揺的（わけたりまとめたり）対応とは、分化的とも統化的とも云い難い、双方の中間的対応です。覚醒時と熟睡時の中間にあたる「夢を見ている時」の心思は、こうした揺的な対応が優先されているといえるでしょう。

ワタシ達の心思《こころ》は、こうして、分かったり（分化的）、分からなかったり（統化的）、分かったような分からない（揺的）状態でウロウロとしながら、この人生をゆらいでいます。

言葉

言枝

059 心思《こころ》を仕上げる言葉

三つのワタシ、三つの脳機能、三つの性、三つの体型、三つの必須要素、三つの情報、三つの刺激、三つの受け皿、三つの反応、三つの対応といった諸々の条件によって形づくられていくワタシの心思を、最後に仕上げるのが「言葉」です。

口から発せられる記号音（いわゆる言葉）に限らず、手話、イラスト、モールス信号など、意味を記号化できるものであれば、そうしたものも広義の意味では言葉といってもよいでしょう。その言葉とは「概念につけられた記号」です。「概念」とは自然界を任意に細分化して、そのひとつひとつに意味づけしたものです。人間は、その概念に「ウサギ」や「カメ」、「うれしい」や「かなしい」などの記号をつけて言葉とし、この言葉によってワタシ自身の心思を仕上げていきます。

少なくとも現代人は、こうした言葉を使わずに、思ったり考えたりすることができません。言葉がなくても感情は生じます。

2

言幹　言根　言種

しかし感情とは幼く未熟なものであり、成熟した心思ではありません。

そうした感情を心思へと仕上げるのが言葉です。「ウサギがカメに負けました」と伝える時、始めて最低限のコミュニケーションが成り立ちます。言葉がなければ「ウサギ」も「カメ」も「勝敗」も分らないままに、会話も心思も成り立ちません。

ところが、国や地域、時代、年代、個々人の知識や経験などの違いによって使用される言葉の意味や定義にズレがあることから、そこで成熟する心思には一つとして同じものがありません。心思はまるで指紋のようです。しかも、その指紋は、同一人物でありながら、死ぬまで刻々と変化し続けます。

現時点におけるコミュニケーションの最強の道具である言葉ー。その言葉によってワタシ達人間は、自らの心思を仕上げ、互いの気持ちを伝え合うと同時に、多くの誤解や不安や苦しみを同時に生み出しています。

＊言葉に関しての詳細はページ92～103

三
（3・参）は
心思の
最大公約数

060 この節のまとめ—のような

三つのワタシ、三つの脳機能、三つの性、三つの体型、三つの必須要素、三つの情報、三つの刺激、三つの受け皿、三つの反応、三つの対応といった諸々の条件によって形づくられていくワタシの心思を言葉で仕上げることで、ワタシの心思《こころ》の完成です。

—と言いたいところですが、「それをいうなら、A／O／Bという三つの血液型、ハム／セム／ヤペテ（あるいは黒人種、黄色人種、白人種）といった三種の人種、タンパク質／脂質／炭水化物といった三つの食性傾向、寒帯／温帯／熱帯といった三つの居住区などの違いなどの影響も当然受けるだろう」—と、賢い人であれば考えていることでしょう。

そのとおりです。この節の始めにも書いたように、心思は限りない様々な三種の素材で形作られていき、言葉で飾られて成り立ってはいるものの、その三種も、言葉も、そしてもちろんそこから生れる心思も、そのどれもが、ひと時も固定されることなく、死ぬまで変化し続けていきます。ですから「これで完成」などと断言できる話など、この現象界には存在しません。

そうした中でおどおど伝えることができるのは、「心思は、変化し続ける前提と予測に条件づけられながら、変化し続ける内（ワタシ）と、変化し続ける限りない外（ワタシ以外のモノゴト）の交わりで生じて、変化し続けていく」――という事につきるわけです。

ただし
三の種類は
限りない。

ただし、地球や太陽系が高速でまわり続けていることに気づかなくても、円周率や3分の1の本当の答えを分らなくても、誰もが生きているように、心思のでき方の最終的な答えが分からなくても、そのしくみの根幹を見誤っていなければ、心思をコントロールしていくことは十分に可能です。

それ以上のことは「語りえぬものを語ってはいけないのです（ヴィシュゲンシュタイン氏）」――というか、語りたくても語れません。

2-3 心思の壊れ方・育え方

金をまけばバカが収穫できる
（匿名）

心思《こころ》とは「感じて、気づいて、思う」もの――。その心思は、前提や予測に条件付けられながら、絶え間なくワタシに降り注ぐさまざまな刺激や情報とワタシの記憶との交わりによって紡ぎ出されていく――。しかも誰一人として同じ心思をもつことはなく、さらに死ぬまで変化し続ける――。

こうした心思のありかたを2-1〜2-2にかけてお伝えしてきたわけですが、本節2-3では、「どのようなことで心思は壊れていくのか」、そして「どのようにすれば壊れた心思が斉《ととの》うのか」――といった具体的な話に入ります。

壊れる

加減にゆらげない。

061 壊れる原因、斉《ととの》う要因

サッカーやラグビーを初めて観戦する人にとっては、そのゲームのルールをすぐに理解して楽しむことは困難です。
しかし「サッカーは、足を使ってボールをゴールに入れる回数を競い合うゲーム」「ラグビーはボールを手にしたままゴールする回数を競い合うゲーム」といったルールの大枠だけでも知っておけば、けっこう楽しく観戦できるはずです。

同様に「心思《こころ》とは加減にゆらぐもの」と観ることで、それまで何かと振り回されていた心思との付き合いが楽しくなります。
そこに加えて「多すぎる」「少なすぎる」「止まっている」といった三つの状態で心思は壊れ、そうでなければ心思が斉う――ことを知っていれば申し分ありません。

たとえば、心思が適度な振幅で好きと嫌いの間を行ったり来た

斉う

加減にゆらぐ。

 → 斉

りしている間はおおむね好調です。ところが、嫌いなモノゴト、あるいは好きなモノゴトのどちらかに偏ったり、好き嫌いの間で止まってしまったりすると、とたんに心思の調子は狂い始めます。

熱が高きから低きに流れ、そして均一となり、再び動き始めるように、人間が暮らすこの現象界の最高峰のリズムでありルールが、偏りでも停止でもない「加減なるゆらぎ」だからです。

大自然の一部として命を育む人間は、「加減にゆらぐ」という大自然のリズム（ルール）から逃れようがありません。「好き／嫌い」に限らず、「呼／吸」「睡眠／覚醒」「飲食／排泄」「活動／休息」といった、命を育むための生理的なリズム（ルール）を思いおこしてみれば、かんたんに理解できる話です。

ちなみにスポーツ競技は好き嫌いで取捨選択できますが、心思の場合はそういきません。人間誰もが否応なく、人生ゲームの中で、死ぬまで心思と付き合うことになります。

自然 → 自分 ←

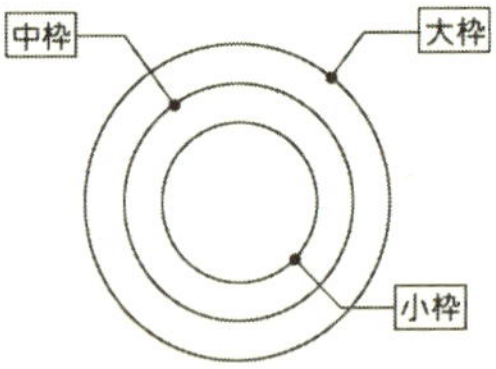

062
大中小の三層の加減なゆらぎ

「加減にゆらぐ」――。

これが心思《こころ》を守り育てるための核心であり大原則です。

「たったこれだけ」とも言えますし、「これほど難しいことはない」と言えるのでしょう。

どちらにしても、この核心であり大原則にうまく則して心思をコントロールしていくには、ちょっとしたコツが必要です。以下にあげるように、心思を包む「自然」「人間（自分）」「ワタシ（個人）」といった同心円状の三つの層それぞれに適した「加減なゆらぎ」を身につけていくというものです。

人間
→　←
個人《ワタシ》

・外層（大枠）：自然（一番外側からすべてを包み込む全体）
・中間層（中枠）：人間（自然の部分である自分の中の一種族）
・内層（小枠）：ワタシ（固有な部分）

ワタシの心思を包み込む、こうした同心円状の三層をイメージしつつ、これらのはざまで、うまく加減にゆらぐことができれば、心思はおのずと斉《ととの》います。ゆらげなければ、まちがいなく心思はみだれ、壊れます。

加減なるゆらぎのアプローチは、三層の内のどの層からでもかまいません。その時々の必然性や必要性、あるいは自身の好みや気力や力量に合わせ、機に応じて各層の加減にゆらぎながら、自己の心思と向き合います。

大枠◎

自然

全体的、絶対的、普通的。

←　→

063 大枠の加減なゆらぎ

人間がながめる自然─現象─現消の世界には、大小さまざまな加減なるゆらぎがありますが、その中で最大のものが「自然（全体的）と自分（部分的）の狭間における加減なるゆらぎ」です。

人間からながめる自然とは、全体的であるという以外にも、絶対的で普通的といった合計三つのキーワードに包まれる「ソレ」としか言いようのないナニカです。

これに対して、自然の部分である自分は、自然とは対称的に、「部分的」であることに加えて「相対的」で「特別的」であるという計三つのキーワードを持ちます。そんな自分のバランスがみだれた時、これを回復するために目指すべき方向は明らかです。迷うことなく、「全体的」「絶対的」「普通的」な自然へ向かうのです。

自巡

自然と自分を巡る。

←→

自分

部分的、相対的、特別的。

全体的、絶対的、普通的な方向とは、自／他、明／暗、苦／楽、貴／賤、戦争／平和―などというような―相対的で分化的な概念や言葉や現象が生じない方向です。「二分化しない」「分らない」「枝葉ではなく種」―といった統化～統合の方向です。身近な例では、夢を見ずに熟睡している時が、これにあたります。

ただし、真理や原理を売り物にする宗教宗派の伝えることが、必ずしも統化とはいえません。むしろ世界の宗教宗派は、その数の多さによって、すでに真理でも原理でもないことを自ら証明しています。もし真理があるとするならば、それは、二つとないからこそ真理であるはずです。

たとえば夢を見ていない熟睡時のように、天国も地獄も、天使も悪魔も、そして愛も憎しみもワタシもアナタいない―、何も分ることのできない（分けない）状態以外に、真理といえるものは、ありようがないはずです。

064 中枠の加減なゆらぎ その1

1－2において、人間の性癖と東西の宗教の共通の戒めである「殺す」「盗む」「姦淫する」「嘘をつく」「貪《むさぼ》る」の関係性について説明しました（ページ56〜57）。察しのよい方はすでにお気づきだと思います。加減なゆらぎ方の中枠は、これらの戒めに対応する「人間の性癖に対する加減なるゆらぎ」です。

中枠1◎
殺す
盗む
姦淫する
嘘をつく
貪る

「殺す」「盗む」「姦淫する」「嘘をつく」「貪る」といった人間の性癖とは逆の方向－、つまり「殺さない」「盗まない」「姦淫しない」「嘘をつかない」「貪らない」という方向へ進めば、どんなおバカでも、ひとまず人間としてのバランスが回復される－ということを、歴代の賢者方が示し続けているわけです。

ですから、これを利用しない手はありません。

云われてみれば、産れながらに他の生命を食べなければ自己の

2

←

殺さない
盗まない
姦淫しない
嘘をつかない
貪らない

命を保守できないという宿命を背負い、そのうえ侵略と略奪に明け暮れる人類史上にあって、これ以上「殺す」「盗む」「姦淫する」「嘘をつく」「貪る」を積み上げていけば、心思のバランスが簡単にくずれてしまうことくらいはわたしの様なおバカでも理解できます。

また熟慮してみると、こうしたことはモラル以前の話であることにも気づきます。「大空で片翼だけバタつかせても落下しますよ。ちゃんと両翼を使いなさい」―といった賢者方の声が聞こえてくるようです。

ただし、賢者でも聖職者でもない単なる小庶民であり、しかもいまだにバカを重ねるわたしが、こうしたことに気づいたのは、かなりの歳を重ねてからの事でした。ですから、ここでは自分史の大部分を棚に上げてお伝えしています。

「このアンバランスは、なんとかしないとヤバいな」―といった羞恥心の在庫が、なんとか残っていたというわけです。

自命
他命

065 中枠の加減なゆらぎ　その2

中枠の加減なゆらぎの話を、もう少し付け加えておきます。ワタシ達人間にとってもっとも大切なモノ―、それは、間違いなく「自分の命」です。わたしも含めた大抵の人間は、自分の命のためなら、おおむねどんなことでも行います。そして、この事が、人間の性癖の濃度や密度をさらに高めます。

母親がなぜあれほど我が子を愛しく思うのか―。端的にいえば、それは我が子が自分の命にもっとも近い存在であるからです。母親にとって、我が子は実質的に自己の分身です。

ところが、その母親でさえ、我が子よりも我が身を優先するのです。「口べらし」という言葉をご存じでしょう。その昔、庶民がまだ十分に食べ物にありつけなかった頃、親は産れたばかりの我が子を水子と称して殺したり、年頃の我が子を女衒《ぜげん》や人買いと呼ばれる人たちに売って食いつないだのです。もちろん、自分た

共命 同命

ちが生きていくためにです。近ごろになっても、愛しい人との生活に邪魔になるからといって、我が子を殺す父母もいるのです。

わたしのような分際が、ここで社会道徳を語ろうというのではありません。「これが人間の正体である」ということをしっかりと見極めておくことで、およそながら、どのような加減にゆらげばよいのかが観えてくるというお話です。

人間の性癖の根源は「自己愛」です。我が身をことのほか愛するがゆえに、他の命を簡単に傷つけてしまいます。「殺す」「盗む」「姦淫する」「嘘をつく」「貪る」—といった人間の性癖はすべて、この自己愛から湧き出ています。同時にこの「自己愛」がワタシの心思を壊すのです。

ここに気づけば、四の五のといった屁理屈は抜きにして、心思のバランスを図るもっとも確実でかんたんな方法が「可能なかぎり自他の命を均等に観て、均等にあつかう」—ということになるわけです。

小枠1◎

苦しみ、不安
怒り、嫉み
憎しみ・・・。

066 小枠の加減なゆらぎ　はじめに

加減なゆらぎ方の小円枠は「ワタシ個人の加減なゆらぎ」です。ただしワタシという個人は、いま現在この地球上におよそ70億人いるそうですが（本当でしょうか）、そのひとり一人の加減のゆらぎ方はすべて違います。

「―だとすると、それをまとめるのは困難だろう」と多くの人が考えるかもしれません。しかし、そうではありません。

「加減にゆらぐ」という核心を手放さずに探っていけば、その方法を手に入れることは、さほど難しくはありません。

前著『自然な姿勢の斉《ととの》えかた』で「誰もが自分自身で無理なく姿勢を斉えて、様々な症状を改善できる」ことを、実例を交えて示しましたが、心思《こころ》の斉え方もほぼ同じです。

その方法とは、前著でも述べたように、何はさておき「心思の痛みや苦しみや不安といった重圧から遠ざかる」―のです。

おおむね逆方向―、つまりワタシの心思が痛まない、苦しくな

心思の痛みは心思の赤信号

い、不安にならない方向を目指します。ただしこれは消極的な逃避ではなく、次の対応に備えた積極的な退避です。

「痛みから逃れる」「嫌な臭いから遠ざかる」「嫌な音から遠ざかる」というように、日頃から身体的なところで誰もが無自覚的に行っていることを、心思にも適用します。

心思の痛み、苦しみ、不安、怒り、妬《ねた》み、苛立ちなどが生じている時に「心地よい」と感じている人はいないはずです。ほぼ誰もが「心地悪い」―のです。その「心地悪い」という感覚は「危険に晒《さら》されている」「自分自身が毒されている」という身体感覚と同様に、命の危険を知らせる心思の赤信号です。

ところが、なぜか専門家までもが、その赤信号に突っ込んでいくような不自然な初期対応を行い、高頻度で心思に深手を負わせ、それを薬で穴埋めしようとしたり―です。

徹底して心思を痛めつけて、その後に反転させるという荒治療も考えられなくはないですが、わざわざ心思を千尋《せんじん》の谷から突き落とすような方法を選ぶ必要はありません。

小枠2◎

心思から←身体へ

067 心思《こころ》の痛みから遠ざかる

「腕をあげようとすると、肩が痛くて腕を挙げられない」ではなく「腕をあげようとすると肩が痛むから挙げてはいけない」―が有効であることを前著でお伝えしました。心思の場合も同じように「痛む心思を乗りこえる」ではなく「痛む心思から遠ざかる」のです。心思を痛める原因となっている思考パターンやその連鎖に立ち向かうのではなく、まずはそこから抜け出します。

心思が確かに暗い場所で難儀しているのですから、素直に明るい場所に向かえばいいのです。その一例がいわゆるプラス思考なのでしょう。しかしそのような枝葉の話に囚われず、バランスを回復させて加減にゆらげばよい―という核心に気づくのです。

そのもっとも簡単でもっとも確実な方法が「身体を動かす」―です。「思う心思」から「動く身体」へシフトチェンジします。

身体は、心思と表裏一体のワタシの構成要素です。身体は心思のつくりであると同時に、最も頼りになる心思のバランサーです。思い悩んでいる心思への偏りを、その思いで解決しようとするのは愚かです。火に油を注ぐようなものです。

そうではなく、痛む心思をひとまず放り出して、身体（表情も）を動かすのです。首を回す、腕を回す、背伸びする――。

そうした中でも最も効果が高いのが、自分をごまかしてでも笑顔で掃除する（片づける）ことです。あれこれ考えず、つくり笑いで朗らかなフリ（動き）をしながら、屋内であれ屋外であれ、目につくところをキレイに掃除する。そしてその動きに心思を貼り付けておきます。

思いから動きへ

こうすることで「思い」に偏っていた心思がひとまず身体の「動き」に移り、加減なゆらぎが始まります。そしていつしか、心思に寄りそって悩んでも考えても消えることのなかった心思の怒りやモヤモヤが、徐々に氷解し始めます。

ただし、いつまでも心思の痛みから逃れてはいられません。思いを動きに移すのは一時しのぎです。痛みに張り付いていた心思を、ひとまず剥がしただけです。緊急避難の後は、この先伝えるさまざまな「加減なゆらぎ」の練習や実践を積み重ね、痛みや重圧に負けることのない柔らかく、強く、そしてバランスのとれた心思づくりが必要です。

小枠3

片づけ

――は、心思の中和。心思のニュートル化。

068 片づける

痛みから逃れるという緊急避難の後は、まずは片づける練習です。ただし身体を使っての掃除のことだけを指して「片づけ」というのではありません。「片づけ」とは、文字どおり、半分に分けたものを一つにもどすこと――です。

呼吸は、呼と吸の組み合わせで成り立ちます。呼の後は少しタメをつくって吸、吸のあとも少しタメをつくって呼――、これが死ぬまで続きます。呼吸以外にも、食事と排泄（消化器）、覚醒と睡眠（脳活動）、発熱と冷却（体温）、伸張と収縮（筋肉）、拡大と縮小（瞳孔）などというように、対称的な二つものが、互いの間を計りつつペアで活動しています。命はこうして営まれています。もちろん心思も同じです。「興奮と沈静」「不安と安定」等々を繰り返しながらワタシの心思を支えています。

こうした命のリズムにならい、「履いた靴を揃える」「自分の使った食器は自分で洗う」「散らかしたら掃除する」「開いた扉は閉める」「言ったことはする」「学んだことは教える」「世話

片をつける

―は、復讐。

になった人には恩を返す」、そして「怒顔は笑顔に」―というように、分離したままの相反的なモノゴトを片づけて（二つを一つにもどして）、いったん中和（ニュートラル化）させる練習を積み上げていきます。

そしてこうした地味な日々を重ねながら、「泣いて産まれたワタシは笑って死ぬ」と覚悟して、人生最後の片づけに向かいます。

片づけることで、それまで対立させていた「愛と憎しみ」「生と死」―などといった双極を、補い合うモノゴトとして循環させる習慣が身についていきます。

そうこうしているうちに、心思の苛立ち・苦しみ・怨み・怒り―といった心地悪さや痛みが生じても、おのずと、それが偏りであることに気づき、苛立たない・苦しまない・怨まない・怒らない―といった安寧な片づけの状態に回復していきます。

ちなみに「やられたら、やりかえす」―は、「片をつける」という復讐であり、ここで謂う「片づけ」ではありません。

小枠4

思う 言う

069 思誠《しせい》する

「人間の行為は、身体から生じるもの、口から生じるもの、意いから生じるものがあり。これを三業という。この三業をうまく用いれば、人は解脱に達する」――と、佛教は伝えています。

思誠《しせい》とは、この身口意《しんくい》の智慧に則して思いついた造語です。いわばパクリのようなものです。この場で、シャカムニに頭を垂れておきます。

さて、仮に、いまワタシは「コップを手に取って、水道の水をコップの中に入れよう」と思います。そこで「コップを手に取って、水道の水をコップの中に入れる」と言い、実際に「手を伸ばしてコップを握り、そのコップに水を入れる」――であれば、この心思《こころ》に問題が生じることはありません。

ところがもしワタシが「コップを手に取って、水道の水をコップの中に入れよう」と思い、「足を伸ばして、目の前の人を蹴り

成す
全部足すと、
←
思誠

ます」と言い、実際は「腕を曲げて自分の頭を殴る」—とするとどうでしょう。これでは間違いなく異常です。

極論のように聞こえるかもしれませんが、そうではありません。心思の異常とは、まさに、こうしたことです。思うこと、言うこと、成すこと—が、一致していないのです。

そうと気づけば、あとは簡単です。加減なるゆらぎに基づいて、簡単で身近なことから、思うこと、言うこと、成すこと—を一致させていく練習をします。「コップを取ろう」と思い、「コップを取る」と言い、「コップを取る」のです。そのコップに「水を入れよう」と思えば、「水を入れる」と言い、「水を入れる」のです。

こうした「思」「言」「成」を、なるべく一致させていく練習を日々積み重ねながら、加減にゆらいでいきます。言葉を口に出すことがはずかしいと言うのであれば、口の中で小さくつぶやくだけでもよいのです。とにかく、どんなに小さなことでも、思う↓言う↓成す—、これをくり返して、積み上げていきます。

小枠5

整

束ねる正しさ――、たとえば集中。

070 正しさに応じる

「痛みから逃れる」「片づける」「思誠《しせい》する」――といった代表的な三つの心思《こころ》の斉《ととの》え方から、以下に続きます。

「正しさ」というものが、各時代や各所で論議されますが、ほんらい確定された「正しさ」というものが、人間からながめることの自然――現象――現消の世界に存在しているのでしょうか。

ワタシ達人間が暮らすこの世界では「正しさ」さえも加減にゆらいでいます。ここに気づけない心思は、何処にもない確定された正しさを求めて一生彷徨《さまよ》い続けることになります。

正をもつ代表的な文字に「整」「歪」「正」があります。

「整」は「束＋攵＋正」から成ります。バラバラになったモノを束ねる――拡散から収束へと向かう正しさを表しています。

「歪」は「不＋正」から成ります。「不」は花のつぼみの広が

2

正

中間の正しさ――、
たとえば集中でも
リラックスでもない
平常。

歪

広がる正しさ――、
たとえばリラックス。

りを表す象形文字です。その下に「正」を加えることで、束ねたものが広がる正しさを表しています。歪とは収束から拡散へ向かう正しさです。

「正」は「整（束ねる正さ）」でも「歪（広げる正さ）」でもない中間の正しさです。そもそも「正」は「一＋止」であり、一つに止めたまま分けない＝二つとしない＝区別や差別をしないことを表しています。

気が散って落ちつかない場合には「整」が―、集中し過ぎて苦痛の場合は「歪」が―ひとまず正しいのです。たんなる「正」は、その中間の正しさを示すと同時に、ひとまず「片づいた」正しさです。

「まとまったり散らばったり、その中間であったりする、その時々の最適な正しさがある」―ということに気づき、そして慣れておくことは、心思を斉える上での重要なポイントです。

小枠6

臨機応変

機に応じては変化対応す。

融通無碍

こだわらず伸び伸びと。

071 キに応じる

自然の部分としてのワタシの心思《こころ》は「加減にゆらぐ」ことでバランスを回復し、おのずと元気になります。「加減にゆらぐ」は、人間からながめる自然―現象―現消の世界の大原則です。ただし、その元気を確かなものとして継続させていくには「加減にゆらぐ」に加えて、いくつかの附属条件が必要です。

その一つが「キに応じる」です。これを加減に合わせて「キに応じて加減にゆらぐ」とします。「キ」とは変化への最適な対応を表す音です。

「キ」という音を持つ文字には、機、気、器、来/着/帰、己/貴/其、期/季/紀、基/規、軌/記、起/生/飢、希/喜、危/鬼―などのように、その時々の立場や状況を表すものがあふれています。ワタシ（己）にはワタシ（己）の、アナタ（貴）にはアナタ（貴）の、夏（季）には夏（季）の―、それぞれの「キ

2

君子豹変

賢者は
過ちに気づいたら
すぐに改める。

優柔不断

優しく
柔らかく
断つことがない。

に応じる」相応しいバランスがあります。

ただしそのバランスが永遠に変わらないというのであれば、そのこと自体が偏りとなります。キに応じて変化し続けているからこそ、加減なバランス（balanced balance）です。

近年「空気を読めない人が増えている」と聞きますが、もし本当にそうならば、キに応じることができていないのです。

現代社会では、判断／決断／断言を好み、臨機応変や融通無碍といった四文字熟語を煙たがりますから「キに応じることなど、とんでもないこと」―と考えているのかもしれません。

「キに応じる」心思とは、さまざまな状況に対応／適応できる心思です。固まらず変化に応じる柔軟な心思です。「いい加減」「臨機応変」「融通無碍」といったキに応じた言動を見失い、解決、決定、決断、断定、判断―といった分断的な思考や行動に偏ると、心思はあっけなくバランスを失います。

小枠7

辛抱

つらさをしのぶ。

心棒

辛抱でつくられるこころの大黒柱。

072 辛抱する

「辛抱しろ」などというと、カビくさい教訓を押し付けられているような気がするかもしれません。あるいは「痛みから遠ざかれ」の逆説のように聞こえるかもしれません。しかし、そうではありません。辛抱と書くので誤解を受けがちですが、辛抱とは心思の筋肉トレーニングのようなものなのです。

筋力トレーニングに「過負荷（オーバーロード）の原則」というものがあります。「トレーニング中随時、最大筋力の20％以上の負荷をかけていくと筋力は増強されていくが、それ以下だと筋力は低下する」――というものですが、心思《こころ》もおおむねこの原則に従います。

心思に対する明確な負荷のパーセンテージは提示できませんが、適度な負荷をかけなければ丈夫な心思は育ちません。

心法

辛抱と心棒のような関係性。

神謀

神業の様なはかりごと。

毎日適度に走ればおのずと呼吸器が強くなるように「心思に適当な負荷を少しずつかけていけば丈夫になる」というのは、多くの人が経験的に承知していることでしょう。

その心思の強さを養う方法が「辛抱」です。

自分の思い通りにはならない―という心思の重り（心思の痛みではない）を、少しずつ持ち挙げる練習を積みあげていくことで（辛抱することで）、結果的に「心棒」が育ちます。辛抱は「心法（こころのはたらきの総称）↓心棒」からの由来である―。持論ではありません。辞書に明記されているお話です。[*1]

子どもの頃から辛抱を身につけてこなかった人は、心棒がつくられないままに大人になるわけです。駄洒落や冗談のように聞こえるかもしれませんが、事実はそういうことです。

また興味深いことに「辛」という文字に横棒（一）を加えると「幸」となります。先人方の妙なる計らいに平身低頭です。

小枠8

間締め 間抜け

073 間をそなえる

間（ま）とは、一項のはざまの「遊び」のこと━。

人体には250を超える関節がありますが、この関節という遊びには、三つの重要な働きがあります。

まず固い骨同士が互いにぶつかってすり減ったり破壊されたりしないようにすること。次に身体が自由に動けるように節としての役目を果たすこと。そしてもう一つが、身体に害をおよぼす雑菌が全身へ広がることを防ぐ関所としての役目を果たすこと━です。

心思《こころ》も、このような関節とよく似ています。本人と他の人の心思のあいだに間という緩衝作用を持つことで、夫婦や親子、兄弟や知り合いとの心思の摩擦が防げます。また間があることで互いをきつく縛り合うことなく、心思がゆとりをもって動けます。さ

悪間

仲間

らに間という心思の余白があることで、自我をむき出しにすることなく、あるいは誹謗中傷などに対して早急で直接的に反応することなく対応できます。

間とは「親しき仲にも礼儀あり」「味噌汁の冷めない距離」――といった余白です。人の肌は考えているよりも意外に熱いのです。近づきすぎると、互いに火傷をします。

ちなみに「間抜け」とは本人も気づかないままに間が抜けている人のこと――。「間締め」とは本人が意図的に間を排除している人のこと――。さらに遊びが伸びすぎれば「間のび」となり、間が悪ければ「悪間」――となります。

そして適度な間を持つ者どうしのことを「仲間」といいます。

いずれにしても、間を失ったり間違ったりすると、たちまち心思はみだれます。そしてこれが長く続くと、擦り減り、やがて心思は変形します。

小枠9

理解
論理的に解る。

誤解
チグハグに解る。

074 理解する

理解は「王＋里＋解」と書きます。王は、天と地と人を表した三つの横線と、この天地人を結びつける縦線でできており、森羅万象のつながりを示しています。里は田＋土の文字を組み合わせた会意文字ですが、田は命を産み出す所、土は神の座（神社）を表すと同時にやはり万物を産み出す所を示します。解は「刀＋牛＋角」です。つまり牛の解体の様子を表しています。

こうした文字で組み立てられる「理解」とは、森羅万象のつながりのままに生じているさまざまな現象を、つながりのままに論理的にひも解いていく―という意味を持ちます。

ここで重要なことは「つながりのままにひも解いていく」ということ―、これは、一本の紐でつながる大きな輪にできたもつれをほぐすということであって、輪を切り刻むという意味ではありません。つまり「分らないことを分かったような気になってい

分解

バラバラに解る。

了解

解ることをおえる。

る」—に、気づくということです。

このような意味から、モノゴトのしくみを本当に理解している人とは、「分かった」ではなく—、もちろん「分からない」でもなく—、つねに「分ったような気がしている」—ことを、冷静に気づき、そして受け止めている人です。

さて「理解」とはなんとも難しいことだと思われるかもしれません。しかし、自然は全体である—、自分は部分である—、現象は現消である—、すべては加減にゆらいでいる—と、この世界をとらえ、人間が、分らない世界で、しゃにむに分かろうとしている動物であることを、悪意なく素直に受け止めておくと、人生は意外に気楽です。

ちなみに、誤解の誤は言葉がうまく咬みあわないことを表しています。自然—現象—現消の世界のしくみをチグハグに解することが誤解です。そして「解る」—の本当の意味に気づくことを「了解」といいます。

小枠10

対立

互いが互いを斥けあう。

依存

互いが互いを求めあう。

075 循環させる

自然―現象―現消の世界は、「上・中・下」「前・中・後」「左・中・右」「過去・現在・未来」「好き・嫌い・その中間」「嬉しい・悲しい・その中間」「怒る・恐れる・その中間」―というように、対称的な二項と、その二項の交わりという第三の働きによって現れたり消えたりしています。

ところが、このようなしくみを理解せず分解したり誤解している人は、この二項を対立させてしまいます。たとえば白と黒は分離独立しており、互いが正反対の性質を帯びていると考えます。

しかし、自然の中で対立しているモノゴトなど、どこにも存在しません。白と黒はかぎりない灰色でつながっています。さらには、そこからさまざまな色が生まれています。

対立しているかに映る双極は、互いに互いを証明し合っていま

循環

互いを巡る。

母子

循環により双極の二項が母となり子となる。

す。どちらかを否定してしまうと、とたんに他方が成り立たなくなります。ほんらい二項は二項ではなく、円環上でつながる単一項の上極と下極です。

円環上の一点に「光」が現れると、同時にその双極に「影」が表れます。そして「光」が消えれば「影」も同時に消えます。

「愛」や「憎しみ」といった感情も対現消の間柄にあり、光や陰のしくみと同じく二つ同時に現れたり消えたりしています。

「愛」と「憎しみ」それぞれを独立させて、好きな「愛」だけを自分の身の回りに集めることなどできない相談です。「愛」が深まれば、必ず今は観えない「憎しみ」も深まります。

双極的二項が対立しているのではなく循環している—、光と影、山と谷、愛と憎しみは、互いが互いの母だり子であることに気づくこと—。そうすることで、ワタシの心思は、無理のない加減なゆらぎを得て、おのずと落ちつきをとり戻します。

小枠11

戒

個人的に守るべきルール。

076 ルールを守る

サッカーをプレーしている人が「俺はボールを手で投げてゴールを決めたい」と願ってもどうにもなりません。

サッカーでは「キーパー以外のプレイヤーは、スローイング以外のボールをすべて足で蹴る」というのがルールです。

ですから先のように願う人は、そこで文句を言わずに、ボールを手に持ってプレーできるラグビーなどを選べばよいわけです。

同じく、すでに学校や社会で用意されているルールや法律を、その良し悪しに関わらずひとまず守らなければ人生ゲームは成り立ちません。その人生ゲームにおいて、守らなければどうにもならない最大級のルールが、先にもお話したように東西の戒が伝える「殺すな」「盗むな」「姦淫するな」「嘘をつくな」「貪るな」です。これらのルールを守らなければ、うまく人生ゲームがプレーできないことを、東西の賢者方は繰り返し伝えています。

律

集団で守るべきルール。

法

本質的なルール。

しかし、参加中のゲームのルールが悪法であるならば、本気で改正するように努めることです。また、それができないというのであれば、そのゲームから躊躇なく抜け出し、自身に合うゲームを探すか創るかして、そこでプレーすればよいわけです。

たとえば、拝金主義的、権力主義的なゲームに参加していながら、心思《こころ》が苦しいなどと悩んでいる暇があるのなら、自信と確信を持って、他のゲームに移ることです。

ただしその時、そう決意して行動に移したことを、決して以前に参加していたゲームや、他の人のせいにしないことです。

常に「自分自身で選択している」―という自己確立の確認を怠らないことが必要です。自己に生じる苦難や失敗の原因を、他に転嫁したり言い訳で覆い隠そうとするのは、自己の人生をみずから否定・放棄するようなものです。

077 要望に応じる

ワタシ達人間は、息を呼いたら吸う、腹が空いたら食べる、動いたら休む―というように「ないものねだり」をしないと生きてはいけません。

ただし、ここでいう「ないものねだり」とは「要望」のことです。「要望」とは。必要なものを望むことです。

これに対し、すでにあるものを望むのは「欲望」です。

「欲望」は「要望」ではありません。

谷が欠けることを望むと書いて「欲望」です。「山だけほしい、谷はいらない（プラスだけほしい、マイナスはいやだ）」というのが「欲望」です。

小枠12◎

希望
意図的なのぞみ。

要望
必要なのぞみ。
ないものねだり。

欲望

あるものねだり。
便秘のように
摂るだけで
出せないのぞみ。

㳄望

ないものねだらない。
下痢のように
出すだけで
摂らないのぞみ。

欲望とは逆に、必要なものをあえて望まない──という望みもあります。それが「㳄望《かんぼう》」です。

山の土が欠ける望と書く「㳄望」は、くぼみを表す「㳄」と「望」の文字を合わせた造語です。こうした概念を表す言葉が見つからなかったので用意しました。

すでに有るものをさらに望む「欲望」や、無いにもかかわらず望まない「㳄望」は、双極にある極端な望みです。双方ともに、加減にゆらぐものではありません。

ワタシ達人間の心思《こころ》は、適度な「ないものねだり」──という「要望」に応じて、はじめて心地よく、加減よくゆらぐことができます。

（このページの関連文がページ272〜273に掲載されています）

小枠13◎

前後
左右

078 次元に合わせる

加減にゆらぐことがこの現象の世界の大原則には違いないものの、人間がながめるこの世界は、立体的な三次元空間だそうですから、この影響下にある身体や心思のゆらぎの方向は、おおむね「上／下」「左／右」「前／後」――といった、三組六方向あることを理解しておくと便利です。

たとえば、
理想／現実が上下の方向性とすると
保守／革新が左右の方向性
積極／消極が前後の方向性――、

感情であれば、
喜びと怒りが上下の方向

上下プラス重力

思いと憂いが左右の方向
楽しみと哀しみが前後方向―、

栄養であれば
タンパク質過多とタンパク質不足が上下方向
炭水化物過多と炭水化物不足が左右方向
脂質過多と脂質不足が前後方向―、

おカネであれば
収入と支出が上下の方向
貯蓄と浪費が左右方向
裕福と貧乏が前後方向―。

こうした三組六方向に、辛抱という重力（負荷）が加わりつつ、心思は加減にゆらいでいきます。

小枠14◎

自然の周期
自分の周期

079 周期（サイクル）に合わせる

すくなくとも人間からながめた自然界の大原則は「加減にゆらぐ」に違いありません。ただし、それぞれ二項一組の中でのゆらぎのサイクルの長さや高さが違います。

呼吸や脈拍は秒単位のサイクル。
食事は数時間単位のサイクル。
寝起きは一日のサイクル。
勤労と休息は一週間のサイクル。
女性の月経はひと月のサイクル。
年齢は加算されながらの一年のサイクル。
干支は60年のサイクル。
人間の細胞寿命は最長120年のサイクルです。

これらは人体に観られるサイクルですが、人間がながめる自然

2

人間の周期
私の周期

の中にも、さまざまなサイクルが溢れています。

たとえば
地球の自転は24時間サイクル。
地球の公転は365日サイクル。
太陽の自転は27～28日サイクル。
太陽の公転（銀河年）は、約2億5000年サイクル。
—だそうです。[*32・33・34]

こうした加減なるゆらぎのサイクルを、常に気づかう必要はありませんが、「さまざまなサイクルがある」ということを頭の片隅に入れておくことは肝要です。そうしておくことで、おかしな思い込みが減りますし、加減なるゆらぎのしくみを、より深く理解できます。

以上で、小枠の「加減なるゆらぎ」についての説明は終了ですが、もう少し付け足しておきたいことがあります。

悪から

080 一生のサイクルは善に向かうのみ

ワタシ達人間は、他の生命を奪うことで自らの命を養うというシステムをぶら下げて、この現象の世界に誕生します。もちろん光合成で生きる一部の生物を除いた他の生物も、同様のシステムで命をつないでいますが、その中で頂点に君臨していると自負しているのが人間です。ですからこの地球上における人間は、悪という言葉の定義に従えば、確かに「悪の権化」なのです。

しかもその権化は、少なくとも数千年にわたって、殺す、盗み、姦淫、嘘、貪《むさぼ》りを、重ね続けている動物です。となれば、この悪一色の人間のバランスを図る方法―、片づける方法―、つまり加減にゆらぐ方法は一つしかありません。

できるできないに関わらず、とにかく「その逆を目指す」―、つまりどんな小さなことでもかまわずに「善」をめざす―です。

善へ

……バランスのお話。

いい子ぶっての話ではありません。このような本を書いているのですから、どちらかと言えばずる賢い人間といえるでしょうし、いまだに失敗を重ね続けています。また生来、偽善的な宗教の話や、ベタついた話は苦手な人間です。

ここでの内容は「偏った天秤のバランスは、他方にシフトしなければ回復しない」―といった単純な論理です。モラルや道徳や宗教的教義を持ち出すまでもなく、ワタシの心思や身体を守り育むためには必須の、とても自然で無理のない加減なるゆらぎの話です。

人間とは、殺す、盗む、姦淫する、嘘をつく、貪る―の塊の如くである。であれば、こうした人間が、加減なるゆらぎを得て、安寧に暮らすには、殺さず、盗まず、姦淫せず、嘘をつかず、貪らず―を目指すだけ。それが結果的に「善」ということでしょう。

毒となる言葉

081 「ありえない言葉」という毒

大・中・小——三層三枠すべての加減のゆらぎかたについての説明は終わりました。しかし、まだここに、大変やっかいな問題が残っています。それが「言葉」です。言葉は人間にとっての知恵の結晶ともいえる魅力的な道具ですが、使い方を誤ると、自分自身や他の人々の心思《こころ》を簡単に切り裂くことのできる非常に危険な道具です。先にも「言葉」について触れましたが（ページ92〜103）、ここでもう一度、自ら墓穴を掘ってしまう「ありえない言葉」「言い訳」「悪口」といった三つの毒をふりまく言葉について触れておきます。

ありえない言葉は使わない。

次のような、ありえない言葉を使えば、自身が自身の頭を捻じ曲げることになります。

2

ありえない言葉

（誤）「分りました」
（適）「分ったような気がします」

（誤）「みんながあなたの悪口を言っている」
（適）「（ワタシも含めて）○○人があなたの悪口を言ってる」

（誤）「いつでもお前はそうなんだ」
（適）「時々おまえはそうなんだ（―とワタシは思っている）」

（誤）「絶対まちがいない」
（適）「相対的にまちがいない（―とワタシは思っている）」

（誤）「誰もがどこでも同じことを言う」
（適）「多くの人がいろいろなところで同じことを言っている（―とワタシは思っている）」

（誤）「変わらない貴方が羨ましい」
（適）「変わらない貴方は危うい」

082
「言い訳」という毒

言い訳は、自己による自己否定を招きます。

（誤）「あなたのせいで、私の人生は台無しになった」
（適）「人のせいにする私自身によって、私の人生を台無しにした（—とワタシは思っている）」

（誤）「君が信じろというから、俺は信じたのだ」
（適）「君が信じろという言葉を、盲目的に私は頼っていた」

（誤）「こんな時代じゃなかったら、僕は成功していた」
（適）「こんな時代じゃなかったら—という言い訳なしに、僕は自分を肯定できない」

他人に原因があると考える人
自分に原因があると考える人

他人を変えようとする人
自分を変えようとする人

（誤）「○○さんは、なぜわたしを無視するのだろう」
（適）「○○さんから無視される原因は、わたしのどこにあるのだろう」

（誤）「○○さんは、なぜわたしをイジメるのだろう」
（適）「○○さんは、なぜわたしをイジメ、なぜわたしは○○さんからイジメられるのだろう」

（誤）「権力者が悪いことばかりをする世の中に我慢ならない。世の中を何とか変えなければ」
（適）「悪いことばかりをする権力者の下で生きている自分に我慢がならない。自分自身を何とか変えなければ」

「すべては自己責任である」――とは断言はしませんが、「自己責任のないところに確かな自由はない」と、気づいておくことは重要です。

悪口
批判
論争

ワタシと相手と
まわりを害する。

083

「悪口」という毒

悪口、陰口、批判、論争は、自他共に毒します。

・人の嫌がることを言う。

・人の話に無理に割り込む。

・人の話を根拠もなく否定する。

・人の話を感情的に否定する。

・人がどうしたこうしたと文句をつける。

・人の失敗の挙げ足をとる。

良口　批評　論評

ワタシと相手とまわりを養う。

・人を不安にさせるようなことを言う。
・人を縛りつけるようなことを言う。
・人を怒鳴りつける。
・人を脅す。
・間違いと気づいても、自分の理屈を押し通す。
・批評することなく批判する。
・論議することなく論争する。

批判、論争は、自我を拡大させます。批判ではなく「批評」―、論争ではなく「論評」―することは、自身の思考力や考え方を明晰にします。

偏り

片寄り

084 加減にゆらぐの大敵・三つの偏見（片見）

心思《こころ》は、とめどなくワタシに降り注ぐ光、音、香り、味、肌触り、渇き—などといった刺激や情報を、「都合のよいモノ」「都合の悪いモノ」「そのどちらでもないモノ」—と三種に振り分け、それを比べ、その時々に見合ったものを取り込もうとして必死に働き続けています。

ところが、ある時ある人は、こうした選択が「自らの都合を基準としている」ということを忘れ、「世界には不変的に正しいモノと、不変的に正しくないモノがある」かのように錯覚し、結果的に、自らの都合によって正しいとしたものを不変的な正しさと思い込んでしまうようです。そしてこの時、偏見が生じます。

偏見とは片見であり、偏り（片寄り）です。たとえば左右どちらかに心思が釘付けになるのです。偏見が生じると、すぐにもバランスがみだれます。「吸う」が正しく「呼く」が間違いと思い

偏見 片見

込んで、息を吸い込み続けようとするようなものです。これでは、心思がみだれるどころか、命までもが終ります。

偏見の中でも、特に注意が必要なものが「分かる」「有る」「対立する」―といった三つの偏見です。

「分る」とは、たとえば「この世界は確かに知りえる（分かる）モノである」とし「分らない」を認めようとしない偏見です。

「有る」とは、たとえば「ワタシやワタシが暮らす世界が確かに存在している」とし「無い」を認めようとしない偏見です。

「対立する」とは、たとえば「善と悪、愛と憎、正と誤、天使と悪魔といった対称的な二項が争い合っている」とし「二項は表裏一体的に共存している」ことを認めようとしない偏見です。

ほんらい「分ると分らない」「有ると無い」「対立する対立しない」のどれもが表裏一体です。これを分離独立したものと捉えて偏見すると、たちまち心思はみだれます。

偏《片》見《見》

「分る」「有る」「生きる」「分らない」「無い」「死ぬ」—と、分断して見る。

085 偏見（片見）から了見（両見）へ

ワタシが暮らすこの自然—現象—現消の世界は、ほんらい「分る」「有る」「対立」といった状態で成り立っているわけではありません。この世界は、有るモノと無いモノが、交りあうことで現れては消える世界です。

「分る」は、かならず「分らない」と対を成し、互いが互いを成り立たせています。もしどちらかが消えると、同時に他も消えてしまいます。

「有る」は、かならず「無い」と対を成し、互いが互いを証明しています。もしどちらかが消えると、同時に他も消えてしまいます。

「対立」は、かならず「共存」と対を成し、互いが互いを証明

了見《両見》

「分る」から「分らない」
「有る」から「無い」
「生きる」から「死ぬ」と、
つなげて見る。

し合っています。もしどちらかが消えると、同時に他も消えてしまいます。

影は光と共に現れ、光がなくなれば影も消えます。

波は風と共に現れ、風がなくなれば波も消えます。

ワタシの心思もワタシと共に現れ、ワタシと共に消えていきます。

現象の世界とは、すべてのモノゴトが、双極的な二項として共に現れ、どちらかが消えれば他方も消える「対現消」の世界です。

そうした世界で偏見（片見）すれば、心思《こころ》が壊れるのは必定です。了見（両見）しつつ、そのはざまで加減にゆらいでいけば、心思はおのずとバランスをとりもどし、斉《ととの》います。

静物の相棒。

動物

086 植物という命のバランサー

動物と植物―、これらはおおむね動く生物と動かない生物といった双極的な関係です。ただし、動物と植物の立ち位置は双極的ながら、その間柄は相補的です。

・植物は光合成によって自分で栄養をつくりますが、動物はその植物を食べる事で、間接的に光合成を利用する生き物です。

・植物はおおむね二酸化炭素を活用して酸素を生成していますが、人間は酸素を活用して二酸化炭素を生成しています。

・植物の基本的な色は緑です。緑は赤の補色です。赤といえば人間の血液の色であり、動きを象徴する色です。

植物《静物》

動物の相棒。

・人間は口（上方）から水分を摂取しますが、植物は根（下方）から水分を摂取します。

・人間は生殖器を下方に持ちますが、植物の生殖器（花）は上方にあります。

植物は、構造的（解剖的）にも機能的（生理的）にも、人間とはほぼ正対称で相補的な存在です。

環境問題以前の話しとして、いま現在の地球で、おおむね酸素を吸って二酸化炭素を吐きだして暮らしているワタシ達人間は、植物を抜きにしては、加減にゆらぎようがないことは明白です。

覚醒

分かるワタシ。

087 熟睡という分らない無意識的なバランサー

現代人は、目覚めている時間をとても大切に扱います。その割には、睡眠時間をけっこう軽くあしらいます。

「寝る間も惜しんで勉強した」「寝る間も惜しんで働いた」――などといった話は美談となりますが、「勉強する間も惜しんで寝た」「働く間も惜しんで寝た」――となると、笑われます。

ですが「太陽は沈む間も惜しんで地球を照らし続けた」――としてみるとどうでしょう。これでは困る人が大勢いることでしょう。

「太陽は昇る間も惜しんで地球を照らさなかった」――でも困るでしょう。すくなくとも照らしたり照らさなかったりする太陽だからこそ、この地球に大きな恵みを与えているのでしょう。

睡眠

分からないワタシ。

「私は息を吸う間も惜しんで吐き続けた」「私は息を吐く間も惜しんで吸い続けた」―は、どうですか。「私は食べる間も惜しんで排泄し続けた」「私は排泄する間も惜しんで食べ続けた」「私は金を稼ぐ間も惜しんで使い続けた」「私は金を使う間も惜しんで稼ぎ続けた」「心臓は収縮する間も惜しんで拡張し続けた」「心臓は拡張する間も惜しんで収縮し続けた」―は、どうですか。

こうしたことが美談になったり、正しいことだと言い切ることはできないでしょう。

「目覚めている間」は、心思《こころ》があらゆる情報を分かり続けている時間帯です。これに対して「寝ている間（熟睡時）」は、おおむね分らない時間帯です。そしてこの中間にあたるのが「寝て夢を見ている時」や「目覚めているが意識がもうろうとしている時」―です。このような三つの状態が適度にいり混じる加減なバランスが重要です。

学科 ＋ 実技 ← 試験 ← 合格

088 この節のまとめーのような

これで「心思《こころ》のしくみ」や、その心思の「壊れかたや斉《ととの》えかた」についての話は終りです。ただしこれまでの話は「自動車のしくみと、その故障の原因や整備の仕方についての解説」のようなものです。ここまでを理解できたからといって、心思の安全運転ができるようになるわけではありません。

自動車学校では、学科教習に加えて実技教習があり、それらの規定課程の終了後に試験があり、さらに本試験があり、これに合格して初めて初心者ドライバーとして車が運転できるようになります。そしてさらに、日々街中で乗車して運転経験を重ね、事故を起こさず、何年かをすぎることで、ようやく優良ドライバーということになります。もちろん、その後も油断せず、継続して安全運転をこころがけていく必要があります。

大枠：自然（全体）と自分（部分）との加減
中枠：人間の性癖（悪）と善の加減
小枠：痛みから逃れる↓片づける↓忠誠する基本的な流れ——

安全運転
＋
蓄積
←
優良ドライバー
←
継続

ーを念頭におき、実践練習を積みあげます。

テキストを１０００回読んだとしても、実践練習を重ねなければ、たんなるペーパードライバーです。この本の要点を深く理解して、日常生活に反映させ、そこで疑問が生じたら、また本の扉を開いて再確認ーしながら、心思のコントロールの実践の腕をみがいてください。

間違っても「心思が単独で存在している」「心思は単独で扱える」などと考えないことです。そうした思いや方法を選択すれば、いずれ薬に頼ることになります。「心思の安全運転は確かな自己の実践にかかっており、決して人任せにはできない」ーことをしっかりとその心思に刻みます。

親が金メダリストやノーベル賞受賞者であったとしても、その子どもが金メダルやノーベル賞を取れるわけではありません。メダルや賞を取りたいと願う本人が努力を重ねる以外に手はありません。しかも油断して練習をおこたれば、すぐにもその能力は萎えていきます。坊主の子であれ牧師の子であれ同じです。すべては本人次第です。

3　さまざまな心思《こころ》のゆらぎ

3-1　愛とか憎しみとか

恋をすると盲目になるが、結婚すれば視力をとりもどす

（リヒテンベルグ氏）

089 好きとか嫌いとか

好き

嫌いの母、嫌いの子。

よく耳にするフレーズに「好き嫌いをやめなさい」――といった道徳訓めいたものがあります。ですが、これほど無茶苦茶な話はありません。好きや嫌いといった感情めいたものは、個人の本性（本能）から湧き出るものであり、命を守り育むためには欠かせない感覚です。

この好き嫌いといった感覚がなければ、身体や心思《こころ》に害を及ぼす刺激や情報を不用意に受け入れてしまい、まともに生きていくことができなくなります。嫌いな食べ物、嫌いな話、嫌いな人、嫌いな場所、嫌いな仕事は、あってもかまわない――というか、そういった自分自身から湧き出る感覚は、死ぬまで持ち続けておく必要があります。

ただし、ここで問題となるのが「好き嫌いのゆれ幅」と、「好

嫌い

好き母、好きの子。

き嫌いの根拠」です。「好き嫌い」のゆれ幅が大きすぎると、大波に飲みこまれて溺死です。ぎゃくに「好き嫌い」を失うと、心電図が一直線になるようにご臨終さまでです。「好き嫌い」とはいえ、ここでも加減は欠かせません。

それにもうひとつ――。その「好き嫌い」は、ほんとうに自分自身の感覚から湧き出たものかどうか――。現代人が謂《い》う「好き嫌い」の多くは、じつは権威やマスメディアといったかなり高い所が振りまく疑似餌ではないか――。

そんな疑似餌を本物の食べ物と勘違いして、思慮なく食らいついていると、知らぬ間にマナ板の上に乗せられて「さようなら」――ということになりかねません。好き嫌いはあって当然の感覚ですが、それはあくまでも「自己から湧きでる大きすぎず小さすぎずの加減にゆらぐもの」――。

そうでなければ育つ心思も育ちません。

090 得るとか与えるとか

多くの場合、ワタシは人の世話になったことを忘れます。ところが、ワタシが人にしてあげたことは１００倍くらい覚えています。良くも悪くも、これがワタシの心思の正体です。つねに自己中心的な思いが、ワタシの心思の中に蔓延しています。

このことを素直に認めた上で、ワタシが人から善くしてもらったことを深く記憶にとどめ、ワタシが人にしてあげたことは、なるべく忘れたほうが無難です。

道徳の話ではありません。シンプルな生理学のような話です。何度も言うように「息を吸い続けることはできないし、ご飯を食べ続けることもできないのがワタシ達人間だ」―という話です。

得る

失うことを哀しみに変える。

与える

失うことを喜びに変える。

この現象の世界で暮らしている限り、あらゆる対称的二項双方が、バランスを失わないように加減にゆらいでいなければ、どうにもなりません。「自由だから」とか「俺は悪童だ」――とか騒いでみても、片翼だけでは空は飛べません。

そんなくだらないことは早く忘れて、現象界におけるこうした約束事に素直にうなずいておきます。そうすれば「何かを失う」時にでも気楽です。放っておいても、何かを失うことで新しい何かを手にします。

どうせ失うのであれば、喜んで失ったほうが徳策です。

「得るは失うを哀しみとし、与えるは失うを喜びとする」――のです。

「心思《こころ》のあり方次第でどうにかなる」――というのが、この世知辛く胡散臭い現象界の数少ない善いところです。

これを利用しない手はありません。

091 愛とか憎しみとか

ワタシは、ワタシに降りそそぐあらゆるモノゴトに対して、次の三つの反応をしめします。

① 必要である
② 必要ではない
③ 必要か必要でないか決めがたい

このような三つの反応によって、ワタシはワタシに絶えまなく降りそそぐ様々なモノゴトを、取捨選択しながらワタシ自身を守ろうというわけです。

こんなワタシの思いが過剰になると、必要なものは↓好きなもの↓愛するもの―へと変化していきます。
必要でないものは↓嫌いなもの↓憎むべきもの―へと変化していきます。

愛

強く引き寄せたい感情や欲望。

憎

強く突き離したい感情や欲望。

必要か必要でないかを決めがたい場合は、その場でクルクルと周り迷い続けます。

多くの人が大好きな「愛」とは、ワタシが必要とするものを過剰に求める感情であり欲望です。そしてその「愛」の裏面には、かならず「憎」という感情であり欲望が張りついています。ただし、人間は、前を見ている時には後ろが目に入らないように、愛を見つめる時には、その裏側にしっかりと張り付いている憎しみに気づくことはありません。

前と後ろは必ず一セットで存在しているというのが現象界の当初からのお約束ですが、愛の実態に目が覚めた時にだけ、人は初めて、その裏側に貼りついていた憎しみの大きさに気づきます。

「恋は盲目」といいます。しかし結婚をするとその視力は回復するそうです（リヒテンベルグ氏：独）[*30]。さらに共にいる時間が密になるほどに、憎しみの影は大きくなり、愛の名のもとに、時に人は殺人さえも犯します。

慈しみ

こころを紡ぐ思いや行為。

092 慈しみとか悲しみとか

「愛」と「憎しみ」という感情に似て非なるものに「慈悲」があります。「慈しみ」と「悲しみ」です。

「慈しみ」とは「茲（増やす）」という文字が示すように「思いやる（思いをあげる）」が原義ですが、「糸と糸」をより合わせて「紡ぐ（つむぐ）」という意味も持ちます。ここから「苦しくて今にも消えそうな相手の思いを補う」や「バラバラちりぢりになりそうな相手の思いを、こちらの思いや行為で紡いでいく」といった意味を持つようになります。

「悲しみ」は「非（羽をひろげる）」という文字が示すように「思いをひろげる（思いを解放する）」が原義です。ここから「縮み固まり苦しんでいる相手の思いを、こちらの思いや行為で、ゆるめ、やわらげ、ほぐしていく」といった意味をもつよう

悲しみ

こころをほぐす思いや行為。

になります。

「愛憎」も「慈悲」も、コインの表裏のように切り離すことのできない思いや行為です。

ただし「愛」と「憎しみ」が双方ともに主観的な欲求から生じる自我的な感情であるのに対して、「慈しみ」と「悲しみ」は、相手の思いや状態（過少～過剰）の偏りを改善しつつ、同時に自らの偏りからも解放される―という、とても論理的で合理的な、しかも自然で無理のない、加減なるゆらぎの想いであり行為です。

「慈悲」は、佛教がもっとも薦める心思の態度だそうです。

葬式／墓守的な仏教はダラダラですが、ほんらいの佛教は、確かな慧眼をお持ちです。

空きる
カラッポ。

飽きる
満タン。

093 飽きるとか厭きるとか

「あきる」には、空きる、飽きる、厭きる――といった代表的な三つの「あきる」があります。

ひとつめの飽きるは「満タン状態」のあきる――、
二つめの空きるは「からっぽの状態」のあきる――、
三つめの厭きるは「嫌いな感情」のあきる――、
――です。

こうして並べてみると、三つの「あきる」が、みごとにリンクしていることに気づきます。

ワタシという生物は、満タンも、空っぽも、厭だ――、
――なのです。

厭きる

カラッポも満タンもイヤダ。

呆る

カラッポや満タンはおろかしい。

3

　こうした文字を考えた方々は、「飽きる」や「空きる」といった双極の状態が、ワタシの命を脅かすほどに「厭きる」―のだということに、いち早く気づいたようです。その理由を詳しく聞きたいわけでもないですが、こうした文字を創作した方々には本当に頭がさがります。

　ちなみに、「あきる」には、他にも「呆る」や「惘る」などがありますが、この二つの「あきる」も共に否定的な感情を示しています。

　学校の廊下の壁に「知足（足るを知れ）」といった標語が貼り付けてあったことをぼんやりと思い出しますが、何度注意されても、実際に自分の足下に火でもつかない限り、本当の火の熱さに気づけないというのが、おバカなワタシ達人間です。

中中

ほどほどに、なかなか。

094
なかなかとかまああとか

「あの人の考えはなかなかなものだ」

「そうだな、まあまあといったところかな」

「まあまあ、お互いに頭を冷やして、冷静に話し合って」

「何回も話し合ったけど、なかなか決着がつかないんですよ」

「まあまあ、なんて素敵なお花でしょ」

「なかなかいい趣味をしていらっしゃる」

—というような会話や文章を、一度は耳や目にしたことがあるでしょう。

間間

ほどほどに、まあまあ。

「なかなか」も「まあまあ」も、なんとも便利なオノマトペ（擬音）だーと思い込んでいたら、じつは双方ともに立派な成句であり、それぞれにちゃんとした文字までお持ちです。

なかなかは「中中」、

まあまあ（まま）は「間間」。

文字を見れば、こうした成句の真義が一目瞭然です。

「中中」も「間間」も、中道・中庸・中間・仲間といった、左右偏らずの状態を表しています。

「なかなか」「まあまあ」と、左右どちらにも偏ることなく、加減よくゆらぐことができれば、まあまあワタシの心思《こころ》は、なかなか安泰ということなのでしょう。

侮る

毎日会う人。

3

095 侮《あなど》るとか敬うとか

結婚する前は、あんなにも神々しく輝いていた善男善女も、いざ結婚してある程度の時が経つと、「粗大ごみ」や「無駄めし喰らい」と罵り合うような事態に陥ります。

尊敬する人、尊敬される人というのは大抵の場合、自分には手に届きそうもない上や遠くの方にいて、なんだかムニャムニャと云ってたりする人です。人の心思《こころ》は、かんたんには手の届きそうにない遠くのモノゴトに憧れや敬意の想いを抱きやすいようです。

ぎゃくに毎日関わる人（毎十人）、目の前でいつもウロウロしているようなモノゴトには、すぐにも飽きて、侮辱や拒否の想いを抱きやすいようです。

侮ったり敬ったりの感情は、人間の心思の奥底から湧き出てく

敬う

めったに会えない人。

る神妙なるものであるかのように映りますが、意外にも、互いの接触時間の多少や距離の長短といった、単純な物理的条件に強い影響を受けてのことのようです。

近すぎる人は侮られ（人＋毎：＝毎日あう人）、手の届きそうにない人は敬われる（苟＋攵＝かりそめ、一時のこと）―。

互いの接触時間が多い
互いの個体距離が近い
――は、侮り傾向に向かい、

互いの接触時間が少ない
互いの個体距離が遠い
――は、敬い傾向に向かう。

複雑怪奇に映るワタシの心思とは、けっこう単純で軽薄なしくみで動いているようです。

泣く

産れてくる時の表情や反応。

096 泣くとか笑うとか

この世に現れた時、笑って産まれてきたという人はいますか。いないとは限らないのでしょうが、これまでのところ「ワタシは笑って産まれました」という人に出会ったことはありません。

人はなぜ、最大の祝福とされる日に泣きながら産まれてくるのでしょう。そしてこの時、どうして母親は肉体的な苦痛を味あわなければならないのでしょう。一生で一度の祝福日ですから、母も子も心地よく笑っていればよいのに、なぜだか泣いたり苦しんでいたりするるのです。

その昔、バルカン半島の南東部あたりに暮らしていたというトラキアの人々は、子供が産まれると「この世に現れた不憫」をなげき、死んでいく時には「本来の場所に戻れる時が来た」と祝福していたーと聞きます。

笑う

死ぬ時の表情や行為。

シャカムニ（ブッダ）は、はっきりと「この世界は苦である」と言明されたそうです。

キリスト教の方々は、人間は生まれた時から原罪を背負っていると信じておられるようですから、産まれてくる子供たちは、その原罪というものに苛まれながら、泣いて産まれてくるのでしょうか。

本当のところ、人間は、この世に出てくるのが嫌なのでしょうか。一度どこかの赤ちゃんに、その理由を訊ねてみたいものです。

こうしていくら考えてみても、誰もが泣いて産まれてくる理由には至りませんが、難しいことは抜きにして「泣いて出てきたのだから笑って逝きなさい」――というインドあたりの諺にはみょうにうなずけます。

呪《いの》る

天使の仮面をつけておねだりする行為。

097 呪るとか呪うとか

祝う（いわう）と呪う（のろう）の文字は違います。祝うは「兄＋示」、呪うは「兄＋口」ですから、明らかにヘンが違います。これは理解できます。

ところが、ある日字典をペラペラとめくっていましたら、少々驚きの記述に出会いました。

呪う（のろう）は「いのる」とも読む—と謂うのです。[*4]

「へっ？　そんなこととはちっとも知らないわたしは、毎年神社に出向いて身銭を振りまき（といっても小銭ですが）、両手を合わせ神さまに祈っていたのですが、じつは呪り（いのり）ながら、同時に呪って（のろって）いた—ということなのでしょうか。

呪《のろ》う

悪魔の仮面をつけておねだりする行為。

だとすると、以前宮参りの帰りに足首をねん挫したわたしは、自分で自分のことを呪って（いのって、のろって）いたということなのでしょうか・・・」

—と、一気にザワザワと、さまざまな妄想がわきあがってきました。

たしかに、たとえば合格祈願にしても必勝祈願にしても、己では思いを叶える自信のない者が、まったく面識のない神さまに小銭で成功をお願いするわけですから、深く考えてみればあさましき魂胆かもしれません。

しかも、自身が合格する—、あるいは勝利する—となると、その裏側で、落第したり、負けて涙している人々が必ずいるわけですから、確かに「呪い（いのり）は呪い（のろい）でもある」—わけです。

戦《たたか》う

おののくの仮面。

098 戦うとか戦くとか

相手に対して身体を斜めに構えて向き合うことを「半身になる」といいます。ボクシングや空手の組手などの時に見られるアノの構えです。ボクシングや空手に限らず、敵対する者同士が向かいあう時には、大抵の場合正面で向き合うことなく、少々斜になって半身で構えますが、これには身体的にも心思的にも深い意味があるようです。

どうやら半身とは「闘争と逃避」の構えのようです。

つまり「戦う」と「逃げる」という相反する二つの態度を同時に準備して、状況次第では、どちらにでもすぐに対応できるようにしているというわけです。

こうした身体表現から観えてくるものは、「闘争心」と「恐怖

戦《おのの》く

たたかうの仮面。

心」は、じつは同じ心思《こころ》に源を発する双子でした―ということです。そういえば怒りの発するノルアドレナリンから恐れを発するアドレナリンが造られる―と、化学者方もおっしゃっておられます。

恐れるから「戦い（たたかい）」ます。

恐れるから「戦き（おののき）」ます。

戦うも戦くも、他の現象と同じように表裏一体―。戦う人が勇気があり、戦く人が臆病だとは言い難く決め難い―。何者かと対峙する時、人間は半身に構え、自分に有利な場合は戦い、自分に不利な場合は戦く―。

またしても、先達方の慧眼に脱帽です。

過去

現在の思いで変化する。

現在

過去と未来を決定づける。

099 過去とか未来とか

時系列でとらえると、過去の結果が現在となりますが、心思かながめる過去や現在の関係は少々異なります。

たとえばワタシの過去に、哀しい思い出があったとします。その哀しい思い出は、確かに「その頃のワタシ」を、思い出したことで生じたものです。

ただし、いま現在「ほんとうに幸せだ」と感じているワタシと、いま現在「ほんとうに不幸だ」と感じているワタシでは、その思い出は、同じ思い出ではありません。

いま現在「ほんとうにワタシは幸せだ」と感じている人は、過

未来

現在の思いの積み上げ。

結果

現在がおりなす現象。

去の哀しく辛かった出来事や思い出が、いまのワタシをつくってくれたと考えて、その思い出が感謝の対象となります。

ところが、いま現在「ほんとうにワタシは不幸だ」と感じている人は、その思い出に限らず、ワタシの過去に生じたすべての思い出が、哀しみや苦しみの根源となります。

そして未来は、いま現在の積み上げの結果です。

こうして、過去の思い出や未来の出来事は、いま現在のワタシの心思しだいで、善くも悪くもコロコロと変容していくのです。

――と、偉そうなことをのたまう割には、わたし自身は練習不足のせいか、日々、相変わらずあたふたとしています。

拾《ひろ》う

「合」の一(マイナス)に+(プラス)を加えれば

100 拾うとか捨てるとか

人生で苦しんでいる人には、ある共通点があるようです。

「握っているものを手離さない」のです。童話にあるでしょ。サルが壺の中の食べ物を取ろうと、手を突っ込んで食べ物をつかんだまではいいものの、それを握ったまま離さないために、壺から手は抜けないし壺の中身は取れないしというアレです。

人間の場合、その壺の中身が、地位や名誉、金や装飾品、あるいはプライドや嫉みや恨み—といった、どちらかといえばどうでもよいモノゴトばかりですが、そうしたモノゴトを強く握ったまま手を離さずに苦しむのも、まあ本人の自由と言えば自由です。

自然はつねに変化し続け、すべてのモノゴトは善悪区別なくワタシの目の前を流れていきます。その流れを無理に止めようとしたり、握りしめたまま手放そうとしなければ、コケルに決まってます。

捨《す》てる

新しいモノゴトが、次から次へと流れては通りすぎていく様を横目にしながら、新鮮なモノゴトに触れることもできず、手に握ったものは古くなり、しかも握っているだけで何の活用もできないし、さらに重いわーです。

握りしめている手をゆるめて手放せば、次から次へと新鮮なモノゴトに触れることができますし、手も自由に使えます。

そうしたモノゴトをわたしの目の前を通り過ぎる間だけ借りることにすれば、ついでに節約できます。

どなたかが「捨」に「喜」の字を加えて「喜捨」としていますが、確かに喜んで捨てる（差し上げる）と、人に喜ばれ、自分も身軽にもなり、また新鮮なものを拾えます。

ただ残念なことに、個人的にはいまの金欠暮らしが災いして、人様に差し上げる回数に比べると、人様からもらう回数の方が圧倒的に多いのです。ですからこれを省みて、自らを「モラエモン」などと称し、つくり笑顔でごまかす毎日です。

覚醒

分かる時間帯。
睡眠の子、睡眠の母。

101 覚醒とか睡眠とか

多くの人が、目覚めている時のために睡眠があると思っているわけです。ですから親は「明日のために、ちゃんと寝ておきなさい」などと、躾けのつもりで子供を叱るのです。

大人は「明日も忙しいから寝よう」などと言いながら眠りにつくのです。「ぐっすり寝るために今日も元気に働こう」などとは言いません。しかし、これは、どうみても偏見です。

覚醒と睡眠は、ごたぶんにもれず二つで一組です。覚醒と睡眠は、切り離すことのできない一日という円環上の双極にあり、互いを循環しています。

睡眠

分からない時間帯。
覚醒の子、睡眠の母。

睡眠が熟すと覚醒と成り、覚醒が熟すと睡眠に成ります。そして、こうしたことが死ぬまでグルグル巡っていく―というのが人生です。

覚醒と睡眠は、どちらかが優位で、どちらかが劣位にあるというような関係ではありません。互いが互いの母であり、互いが互いの子である―という対現消の関係です。

ですからこれに気づいた親は子に、「明日のために、ちゃんと寝ておきなさい」に加えて「うまく眠れるように、今日一日しっかりと動いてきなさい」―と伝えると加減がよいのです。

大人は大人で、「明日は大事な仕事があるから早く寝よう」だけでなく、「明夜も大事な眠りがあるから早くから働きまくろう」―としておくと、睡眠薬は、すぐにも用なしになります。

薬

いい加減で適量。

102 薬とか毒とか

しつこいようですが、大事なことなので繰り返しておきます。

「右があるから左があり、左があるから右があります」
「右がなければ左はなく、左がなければ右もありません」
右とか左とかはワタシ達人間が頭で勝手に描いた概念です。そんなものはどこにも実在していません。

あらゆるモノゴトはこの左右の話と同様です。「あらゆるモノゴトは対称的なあらゆるモノゴトによって成り立っている（―かのように映っている）」―です。

世間がありがたがる薬に関しても同様です。「何かに効く」ということは、裏を返せば「何かを害する」ということです。これが「薬学は毒学」と云われる由縁です。ですから、薬の添付書に

毒

多すぎか少なすぎか、そればかりか。

ある「主作用と副作用」、あるいは「効能と副作用」といった文字はどなたかの誤魔化しです。

本筋にもとづくならば「薬作用と毒作用」あるいは「薬の効果と毒の害」と表現しなければなりません。こうしておけば、薬の売り上げは減るかもしれませんが、患者と医者のボタンのかけ違いや温度差で発生し続けている「薬害訴訟」――、つまりは「毒害訴訟」は確実に減るはずです。

モノゴトには必ず表裏両面の役わりがあります。「イイとこ取り」などといった身勝手を、自然が許すはずがありません。

病気と健康も同様です。致命傷にならない程度の病気（これを症と謂う）をし――、それである程度身体や心思《こころ》が壊れ――、その修復で鍛えられることで免疫力が高まり――、健康を得られます。病気をするから健康になるのです。「病気なんかしたくない、健康でいたい」などといった偏りの願いは、ようするに欲望です。

3

3-2 臭《くさ》いとか匂《にお》いとか

山は上に登るほどその身を小さくするが、
バカは上に登るほどその身を大きく見せようとする。
（斉）

閉じた角の和は360度。

閉じた角の和は360度。

103 〇とか×とか

「近頃の若いもんは空気を読めん」―らしいです。

その場の雰囲気や状況に対応できないというわけです。

ですが、「問Aの答はａ」、「問Bの答はｂ」というように、〇×的問題を解くことを教えられ、〇×的問題を解答し続けてきた若者方が、空気を読めないのは当然でしょう。

若者方は「答えは、いつでもどこでも同じだ」―と教わって育つのです。そんな彼らの頭の中に、空気なんかで変わる答えなど存在するはずがありません。

ワタシには、中間的（原初的）な「ム」、内向きの「私」、外向きの「公」といった三種のワタシがいるわけですが、こんな話を若者方が聞いたら腰を抜かすことでしょう。彼らの中にいるワタシは「本音で生きる内向きな私」一つだけですから。

3

△

閉じた角の和は丸や四角の半分。

×

開いた角の和が360度。

電車の中でお化粧ができますし、自分の車はピカピカにしてゴミは道路に投げ捨てることができます。他の人の話をあまり理解しようとはしませんが、自分のことはしっかりと理解してほしいと願っています。周囲にかまわずピコピコとメールが打てます。

若者方は「発酵と腐敗」「ウンコと肥料」「政治とやくざ」「裏と表」「嘘と本当」「天使と悪魔」、そして「分ると分らない」などが、一卵性双生児であることを理解できません。「歴史とは勝者のねつ造記録、自伝とはワタシのねつ造記録」などという事実にも、気づく余裕すらありません。

若者方は、一時しのぎの○と×を、瞬時に選り分ける能力を徹底して鍛えられますが、「立ち位置や表現や意味合いがコロコロと変わる△の世界、○と×のはざまで何処までも続く△の世界」―のことなど、これっぽっちも教わっていないのです。

誰も文句はいえません。社会が望んで、彼らをそのように教育したのです。

表

裏の裏側。

104 表とか裏とか

「表をみる」か、
「裏をみる」か、
それとも
「表裏双方をみる」のかー。

ワタシが暮らすこの現象の世界のながめ方の最大公約数は、こうした「三（つ）」です。

「表だけをみる人々」は、いわゆる一般常識を身につけているとされる人々です。この人々は、いちおう自分たちは常識的な大人であると信じています。世の中を、テレビやラジオ、新聞や書籍を頼りに、常識的にながめ、常識的に対応し、常識的に暮らしています。

ただしアインシュタイン氏の言葉をお借りすると、その常識とは「１８歳までに身につけた偏見のコレクション」[*29]ということになるようです。

裏

表の裏側。

「裏だけをみる人々」は、表の世界をどこかで疑い、不満に思ったり適応できずにいる人々です。自分たちは本当のことを知る大人であると信じ、ネットや裏本で流れる陰謀論や裏情報などを頼りに、表の社会に暮らす人々を、真実を何も知らないくだらない奴らなどと考えていたりします。善し悪しは抜きとして、裏だけをみる人々は、コインの裏側をながめているという意味において、文字どおり「裏見（うらみ）する人たち」と謂えるのかもしれません。

「表裏双方をみる人々」は、この世界には、表があれば裏があり、裏が消えれば表も消える――というように、表と裏がセットで成り立つ対現消の世界であることに気づいている人々です。

表裏双方をみる人々は、表裏どちらにも偏らず、両見《りょうけん》と両識《りょうしき》をもって、加減にゆらぎながら生活しています。時にこうした人々は、偏見者から「いい加減なやつ」というレッテルを張られるわけですが、しかし、偏見者は「いい加減」と「でたらめ」の違いが理解できていませんから、そうした言葉を気にする必要はありません。偏見者は「いい加減」が、うまく理解できないのです。

他人の死

たいして怖くない。

105 他人の死とか私の死とか

「人が死のうがどうしようが、知ったことではない」――。それが自分でも気づかないワタシ達人間の本音です。

自国の平和維持のためと称して、他国の人を何人も殺します。自分たちが信じる神のために、他の神を信じる人々を虐殺します。テレビは「人が何人死にました」と騒ぎながら金儲けをしています。

死後に支給される保険金をセールスマンが勧めにきます。亭主の葬儀の前に妻は化粧や喪服にこだわります。亭主は死んだ妻の保険金を計算します。子に苦しめられる親はその子を殺し、親に苦しめられる子はその親を殺します。

ところが、ワタシ自身のこととなると、話は突然変わります。死どころか、ワタシの指先一本傷ついただけでも、夜も寝られないほどに気になります。そんな時に隣人が、傷つくワタシを気にもとめず、テレビを見ていたり、お菓子を食べていたりする

3

私の死

死ぬほど怖い。

と、ワタシはその人間を悪魔のように呪います。「足を踏んでいる人は、足を踏まれている人の痛みに気づけない」—というのがワタシ達人間です。

死は「病死」「他殺」「自殺」—と、およそ三種に分類されますが、いずれにしても、ワタシの死ほど気になるものはありません。たまに「絶対死にたくない」などといって悩んでいる方もおられるようです。しかし、どんなにあがいても産れた人間の死は、自己であろうと他者であろうと１００％の決定事項です。死という試験には、誰もが確実に合格することが約束されています。

１００％合格が決まっているモノゴトを心配してもどうにもなりません。そんな暇があるのなら、「死ぬ時は、最低パンツだけははかせておいて」とか、「痛みなく死なせて」とか、「どうせ死ぬなら好きなおもちをのどに詰まらせて死にたい」—とかの願いに変えておいたほうが無難です。「他命に役立つように死ぬぞ」—などと、カッコよくほざいてみるのも一案です。

いずれにしても、１００点取れる死のことよりも、落第するかもしれない「今」というこのひと時の課題に精力を費やしたほうが、論理的で、合理的で、賢明です。

床間

無用の用の気づきの間。

3

106 床間とかお縁とか

昔の日本家屋の多くには「床間《とこのま》」とか「お縁」といった空間や場所がありました。

「床間」はおよそ家の中心にあり、その床間の壁に家訓めいた掛け軸をぶら下げ、その下に生花などを添えていましたが、それ以外は何もない空間でした。

自転車のタイヤの輻（スポーク）と輻の間には空間があります。この空間は、路面から突き上げてくる衝撃を和らげて、自転車に乗る人を守ってくれているわけですが、「床間」はちょうどこの自転車のタイヤにある空間のように、無い（虚）の必要性や重要性を暗に伝えていた場所でした。

荘子さんの説かれた『無用の用[*13]（用がないとされるものが用を支えている）』が、そのまま日本家屋の中には存在していました。

「有るがアルのは無いのおかげ（お陰さま）」――という本質を、日本人は、日々家の中の床の間から無自覚ながらに学んでい

3

お縁

内でもなく外でもない空間。

たというわけです。

「お縁」は、日当たりのよい部屋の外側に沿うようにある廊下と兼用になっていた空間です。

このお縁では、内（＝家）にいる人と、外《そと》にいる人（来客）が、履物を履いたり脱いだりすることなく、そこに腰をかけてお茶でも飲みながら、外と内との縁を紡いだ空間でした。

西洋哲学などの横文字が輸入されるはるか以前から、日本人は、家やその暮らしの中で、無自覚ながらに東洋的な哲学に浸っていたというわけです。

だからといって西洋哲学に対してどうのこうのはないのですが、西洋哲学一辺倒というのは、どうもすわり心地が悪く、座布団をひっくり返したくなるわけです。

せっかく東西があるのだったら、個人的には双方にゆらいでいるほうが心地よいです。ついでに北から南まで、上から下まで、宇宙から素粒子までというように、あらゆる方向にゆらいでもよさそうです。

高価

ほしくないもの。

107 高いとか安いとか

「一個１０００円のリンゴが高いか安いか」

こんな問題を出されたら困惑します。

確かな答えを出しようがないからです。

ところが、けっこう多くの人が、日常的にこのような分からない問いに「高い」とか「安い」とかと、堂々と答えているようです。

この問いに対しての答えは、「高いと思う人には高いけれど、安いと思う人には安い」――、せいぜいこれ止まりです。

リンゴ農家で育った子供は、一個１０００円のリンゴを高いと思うことでしょう。しかし、たまたま手元にリンゴがない時期に、死にかけている母親がリンゴを食べたいと願えば、一個１０００円で買えるリンゴを高いとは思わないことでしょう。

安価

ほしいもの。

「勉強は楽しいか苦しいか」――、
「あの子は美しいか醜いか」――、
「金があれば幸せか不幸か」――、
「地位の高い人は賢いか愚かか」――、
「病気は悪で健康は善か」――、
「日本人は賢いかバカか」――、

このような問いにも、確定された答などありません。
すべては、その時々のワタシの心思が決めていきます。

ところが、こうした事実とは裏腹に、「つねに確定した答えがある」と習い続けてきたワタシの心思は、いつのまにか本気で「答えは不変である」「ワタシの考えに間違いはない」――などと、自分勝手な盲信にゆさぶられ、そうした錯誤でつくられていく偏見に基づいて、人生に泣き、笑い、浮き、沈み――していきます。

臭《くさ》い

3

108 臭いとか匂いとか

ジャスミンや金木犀《きんもくせい》の成分に含まれるスカトールやインドールの濃度をあげるとウンコのニオイがするそうですが、まだ試したことはありません。

栗の花のニオイには、男性の精液と同じスペルミンという成分が含まれているそうですが、さいわいに栗の花に欲情したことはありません。

たまに、ウンコのニオイや人の履いた靴のニオイが好きだという人がいて、このような人は変態とよばれるわけですが、「濃いコーヒーの味が好き」という人と、何がちがうのでしょう。

あるいは、標準の人間であれば、自分のウンコであろうが他人のウンコであろうが、いずれにしても、たまらなく我慢ならない

匂《にお》い

ニオイのはずですが、ハエさんには、人間のウンコのニオイが、なぜかたまらなく愛しい―かのように映ります。

臭《くさ》いと匂《くさ》いは、何がちがうのでしょう。

とある辞書には「悪いニオイは臭《にお》い、良いニオイは匂《にお》いを使う」―と説明されていたりするのですが、臭《くさ》いを臭《にお》いと読み書きし、匂いも「におい」と読むとなると、なんだかよく分らなくなります。

でも「臭《くさ》い匂《にお》い」とは言うものの、「臭《くさ》い臭《くさ》い」とは言わないところをみると、どちらかというと「臭いは、くさい臭《にお》いとその臭源」「匂《にお》いは、香りそのもの」といったところなのでしょうか。

ある子供が「臭いと匂いは字がちがう」と教えてくれました。

確かにおっしゃるとおりです。

濃い

109 濃いとか薄いとか

「人生は長いか短いか」――、この問いにも確かな答えなどありません。「長いと思う人には長いし、短いと思う人には短い」――、ただそれだけです。

ただし暫定的な答えでよしとするならば、答えを用意できます。

「人間の寿命の量は誰しも同じである」と仮定してみます。次に、その寿命を、濃縮ジュースの原液に見立てます。

続いて、コップを二つ用意し、どちらにも同じ量の濃縮ジュースの原液を注ぎます。

さらに、一つのグラスには比較的多量の水を加え、他の一つに

3

薄い

は、比較的少量の水を加えます。

こうすると、結果的に、同じ量の濃縮液から、量が多く味の薄いジュースと、量が少なく味の濃いジュースができあがります。

人生も、原則的に、薄めて生きれば長くなりますし、濃くすればば短くなります。長生きではあるけれど中身が薄い人もいれば、かけ足で濃い人生をあっという間に終える人もいます。

長かろうが、短かろうが、本人の人生です。そこに価値を見出すのは本人であって、テレビのニュースや、解説者の意見や、世の平均寿命ではありません。

自然律に則した自分の価値観に自信を持って、長くも、短くも、ご自由に人生をおすごし下さい。ただし、小便を垂れ流して、周囲に迷惑をかけるのはご注意下さい。

110 多いとか少ないとか

「躁鬱病」「統合失調症」「認知症」「多動性障害」「強迫性障害」「自閉症」「解離性同一性障害」「小児期崩壊性障害」などなどというように、心思《こころ》の病には、やたらと堅苦しく、強圧的で、読みづらい文字が使われています。

こんな病名を白衣を着たお医者様から告げられると、恐れをなして、その場にひれ伏してしまいそうになります。

「素人をそんなに脅さないでよ」――といったところですが、そんな心思の病を一つ鍋で煮詰めてみれば、たった三つのことが原因であることに気づきます。

・多すぎる
・少なすぎる
・止まっている

躁病《そうびょう》

さわぎすぎ。

鬱病《うつびょう》

さわげなさすぎ。

心思の病は、こうした三つの偏りで生じるようです。

躁鬱病であれば「はしゃぎすぎと落ち込みすぎ」、統合失調症は「まとまらなさすぎ」、認知症は「分らなすぎ」、多動性障害は「動きすぎや気移りすぎ」、強迫性障害は「気にしすぎ」、自閉症は「閉じこもりすぎ」、解離性同一性障害は「役者が多すぎ」、産褥期精神障害は「戸惑いすぎ」、小児期崩壊性障害は「とまったまま」―などというように、平均値に対して、何かが過剰・過少・停止の状態です。

複雑怪奇に映る心思の病ですが、その発症システムは「出すぎる下痢」「出なさすぎの便秘」「動かない腸閉塞」―などと、大した違いはありません。

世がいう精神病?とは、ようするに心思が加減にゆらげていないだけの話しのようです。

外道（上の）
上極（山頂）を飛び出した人々。

仙人
山頂（上極）で暮らす極道。

人間
山と谷の中間に暮らす人。

111 極道とか外道とか

自然のリズムやルールに則した人生は、まるで風波のように、ある時は山の高みにのぼり、ある時は谷の低きに沈みながら、時を流れていくようです。

ところが、まれに、こうした自然の律動にさからって、ずっと山の上に止まりたいと望んでいる人や、谷の底で暮らし続けたいと願う人がいたりするわけです。

前者を「仙人」、後者を「俗人」といいます。仙人や俗人は、上下の違いはあるものの、双方共に極に留まることを望む人たちです。仙人は「上の極道」、俗人は「下の極道」を歩もうとする人々です。

仙人嗜好の人は、超能力とかスピリチュアル系の浮世離れした話がお好きのようです。俗人嗜好の人は、浮世で快楽や娯楽などにどっぷり浸かりたいようです。

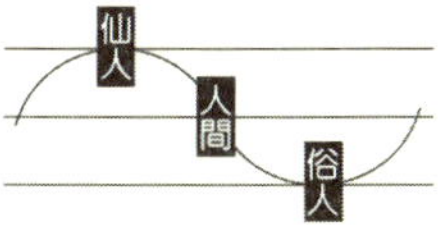

俗人

谷底（下極）で暮らす極道。

外道（下の）

下極（谷底）を飛び出した人々。

さらに、仙人や俗人という極道なる方々を凌駕する道を進もうする方々もおられます。上下の水平線を飛び越えて外にはみ出してしまうのです。その人たちのことを「外道」といいます。

もう少し無駄口をたたいておくと、「谷はいらない（下りたくない、減るのは嫌だ）、山だけでいい（上りたい、もっと欲しい）」と駄々をこねるのが「欲望（谷が欠ける望：よくぼう）」です。欲望は利己的な人の十八番《おはこ》のようです。

ぎゃくに「山はいらない、谷だけでいい」というのが「崁望（山の土が欠ける望：かんぼう）」です。崁望は、自分のことを大切にできない自棄的な人が抱える望みです。

「住めば都」と謂います。仙人や俗人、極道や外道、欲望や崁望といった偏りの人生も悪くは無いのでしょうが、ワタシ達は産れた時から人の間と書いて「人間」と自ら認めています。

あまり無理をせず、仙人と俗人との間《はざま》を加減にゆらぐ人間として、あるべき姿であればよいのではなでしょうか。

適当
ほどよいこと。

融通
機に応じて適切に対応すること。

112 適当とか融通とか

いまや悪役の代表のように扱われるようになった「いい加減」ですが、この言葉のどこが問題だというのでしょう。

地球の極の冷気が赤道の熱気の下に潜り込むことで風が生じ、地球が太陽に近づいたり遠ざかることで四季が生じる——というように、自然界の循環は、足りないものを加え、多すぎるものを減じ、止まらずに変化対応するという「いい加減」そのものです。

そもそも「味加減、さじ加減」は、適度な間を重んじる日本人の真骨頂でした。

いま時の社会では「いい加減」と並んで「優柔不断」も悪者あつかいです。ですが、優しく（優れて）、柔らかく、断つことのない——のどこが悪いのでしょうか。「過ぎたるは及ばざるがごとし」という訓戒が大好きな人たちが、「加減」や「優柔不断」、あるいは「適当」「臨機応変」「融通無碍」といった自然律に則した成句のあれこれを、どうしてこれほど敵視するようになった

異常

通常とはちがうこと。

正常

通常どおりであること。

のでしょう。

大量の情報を白黒○×判断で処理することは、いま時の社会には欠かせない――、これは認めます。しかし長所の裏に短所が張り付いていることを忘れてしまっては、どうにもバランスが悪く危ういのです。

「異常気象」などといった断定的な声を聞くと、多くの人が不安になるようですが、時速約１７００㎞で自転し、時速約１０万㎞で公転している地球を乗せた太陽系は、時速約８５万㎞の速度で銀河を公転している――、そしてその銀河自体も銀河団の中で、自転・公転しているらしい[*32・33・34]――とした宇宙科学の話を基に推測してみると、一度として同一の気象条件はない――ことに気づけます。

いくらこの地球が大気圏で守られているとはいえ、地球が誕生して以来毎日が違う気象であることのほうが正常です。つまりは「異常気象とさけぶアナタの頭が異常です」――ということです。

判断・即断・決断・決定などといった白黒思考の長所を生かすも殺すも、これを裏で支える適当・適切・曖昧・いい加減な曖昧思考です。

特別

（決められた日に）寺院で牛をさばくこと。

113 特別とか普通とか

「特別がいいか」「普通がいいか」とたずねると、たいていの場合、多くの人々が「特別が良い」「特別になりたい」と答えます。特に若者方は、その傾向が強いようです。

特別にも「よい特別」と「悪い特別」と「そのどちらでもない特別」とがあると思うのですが、先のような質問をすると、多くの人が、三つの特別に配慮することなく即答的に「特別がいい」と答えます。

ですがワタシ達人間は、誰もが生れた時からすでに特別です。指紋、容姿、名前、気性、性格、価値観、嗜好品、そして心思《こころ》―。そのどれをとっても、一つとして同じものを持っている人はいません。たとえクローン人間であっても、それぞれの立ち位置が違います。立ち位置が違えば、入力される情報も経験も違い、

普通

あまねく所に通じること。

同じ人には決してなれません。

「特別な人」と聞くと、多くの人が権力者や著名人や芸能界の方々をイメージするようですが、特別な人とは、紛れもなくこの宇宙に一人しかいないワタシ自身のことです。しかもその特別は、この現象界において、現れては消えていく不確定な特別です。

ところが、多くの人たちが、こうしたことに気づかないまま、さらなる特別を目指そうとするのです。しかも目指すその先は、たいていの場合、著名人やマスメディアが用意した便宜的な「特別もどき」です。その特別に進めば、結果的に皆と同じ所へ行きつくわけで、特別でもなんでもありません。

「特別」の文字の原義は「牛を寺にひき連れていき、生贄として捌《さば》く」です。これに対し、「普通」という文字の原義は「普《あまね》く所に通じる」です。つまり「普通」は万能です。

こうしてみると、多くの人々があこがれているのは、じつは「特別」ではなく「普通」なのではないでしょうか。

選手《私》

観客《わたし》

114 ゲームとかルールとか

野球やサッカーなどのスポーツ競技には「観客」と「選手」、そして球場やピッチや試合そのものを「管理する人々」という三つの大きな枠組みと、その役割があります。

観客はプレーをしている選手を熱狂的に応援し、これを受けた選手たちは、その声援に負けないくらいの素晴らしいプレーを見せようと、懸命にグラウンドやピッチを走りまわります。

そして、試合そのものを管理する審判を始め、球場やピッチを管理する方々、試合の開催を宣伝したりチケットを販売する方々などが、観客の歓声や選手たちのプレーの陰で、それぞれの役割をこなしています。こうしてスポーツ競技は、三者三様の働きが連帯しつつ、ゲームが進行していきます。

ところで、こうしたスポーツゲームをはるかに上回るエシカルで魅力的なゲームがあります。それが「マインドゲーム」です。

とはいっても、どこかのおもちゃの話ではありません。実にリアルなゲームです。マインドゲームは、自分自身の心思をどれだけうまくコントロールできるかを競います。

感情的な人、自他をいじめる人、言い訳をする人、他に責任をなすりつける人、イライラ怒る人などは、減点の対象です。下手をすれば、イエローカード、レッドカードです。

管理者《ワタシ》

マインドゲームは、ワタシ自身で「プレイヤー」「観客」、そして「管理者」の三役すべてをコントロールしなければなりません。他のスポーツ競技に比べると、その分負担は三倍になります。しかし、ワタシの心思をうまくコントロールすることができれば、プレイヤー、観客、そして管理者すべての喜びを足してもおよばないほどの、大きな喜びを手にすることができます。

既存のスポーツ競技に落ちこぼれたあなた―、落ち込むことはありません。ここに本当の勝負と栄誉が待っています。

格好

身体の構えがよい。

115 格好とか恰好とか

骨格の「格」＋「好」＋「よい」と書いて「格好よい」―。日本語の調うカッコイイは「骨格の構え（身体の姿勢）」がよいというカッコよさです。しかも日本語のカッコイイには「忄（心）」＋好＋「よい」とする「恰好よい」もあります。こちらのカッコイイは、意《おも》いや思《おも》いがよいといった「心思《こころ》の姿勢」のカッコよさです。

日本語のカッコイイは、身体と心思双方の構えやその働きが好ましい―ことを示しています。日本語が伝えるカッコよさとは、本人の構造美や機能美といった本質にもとづいた美しさです。身体だけではだめ、心思だけでもだめ。身心が共にカッコよくあることが真のカッコよさです。

しかも、そうしたカッコよさは、骨格や性格といった本人固有の身体や心思に基づくわけですから、結果的に、各自には各自の本人固有のカッコよさがあるということになります。つまり、日

恰好

心思の趣きがよい。

本人のカッコよさとは、本質に則した、多様で個性的なカッコよさです。

ところがどうしたことか、多くの日本人は、自ら湧き出るカッコよさを早々と放棄し、カッコよさの原義からも大きく外れ、マスメディアや権威／権力といった他者が人工的に創りあげる疑似餌のようなカッコよさに釣り上げられていくのです。あるいはマリオネットのように、人形遣いが繰り出す技に操られて、えせカッコよさを演じます。こうして、他者が創りだす「えせ個性」や「えせカッコイイ」を追い求める人たちは、そうだとはツユとも知らず、自分だけは「個性的に生きている」と信じているようです。

片手や片足を欠いたからといって真のカッコよさが失われるわけではありません。パラリンピックの選手方を観ていれば一目瞭然です。手足が無くても、ひるまず進むあの方々のカッコよさは、どこかのおバカよりも数段カッコイイのです。

ただし、強く勝敗にこだわり始めるとこの方々といえども、自滅します。

素敵

素の敵。

116 素敵とか素適とか

「えせのカッコよさ」に、とやかくと口をはさんでいると、「いやそうじゃなくて、ワタシはステキなスタイルや人生を目指しているのよ」とのたまう紳士・淑女に出会います。

そりゃそうでしょう。そうおっしゃる紳士・淑女方の、首や腕には、装飾品と称される重りがぶら下がっております。

いま現在のステキは、素《もと》を敵にすると書いて「素敵」です。「素」とは、素肌の素、素直の素、元素の素、素粒子の素です。

そうすると、こうしたものを敵にまわすことが「素敵」ということになりますから、装飾品という重りに限らず、権威や権力や豪華なモノといった重りをお好きなお方は、確かに「素の敵だ」

ということになりますか。

そもそも「敵」とは、「帝《みかど》」を「攴《ぼく》：木の枝で打ちはらう」ことを表した文字だそうで、ここから「敵対する」といった意味が派生したようですが、[*2]じつはこの敵を使った「素敵」は当て字だそうで、そもそもは「素的」とか「素適」と書いたのだそうです。[*1]

素的

素のような。

素適

素に適した。

これなら理解できます。素肌のような、素直に、元素のように、素粒子のように―で「素的」です。素肌に近づく、素直にかなう、素《もと》に寄りそうで「素適」です。

それにしても、いつ、どこで、誰が、「素的」や「素適」を「素敵」とすり替えたのでしょう。なんだか臭います。

3-3 信じるとか考えるとか

教祖は天国を説くために地獄を用意する
（斉）

そろそろと終節です。

宗教

神に丸投げ。

117 信じるとか考えるとか

人類は古代より、自然界にみられる様々な事象のからくりが、「神」とよばれる存在の御業であるとして、自分たちが理解できないことのすべてを、その神の懐に丸投げしていたようです。

ところが、ある頃から、この方法では飽き足らないと考える人たちによって、神の御業を人間自らが解き明かそうとする動きが始まり、こうして科学が産声をあげます。

その後、神への信仰を堅持しようとする宗教家たちと、人間の手によって改革をもたらそうとするアルケミストやソフィストなど――、のちに科学者や哲学者と呼ばれる人たちとの間には、広くて深い溝が敷かれたようですが、双者の思惑とは裏腹に、互いが互いを頼りとした両輪となり、その後の人類史の輪だちを描いていったようです。

科学

現象をみじん切り。

神を「信じる」という宗教的手段と、人間が「考える」という科学的手段の優劣はともかくも、宗教の「分けない（人間がみる現象はすべて神の御業）」とするスタンスと、科学の「分ける（人間が現象を細分化して理解）」しようとするスタンスが、心《こころ》思のゆらぎの双極にある以上、この先も人類は、両輪が描く輪だちのはざまで「分ったようで分らない」世界を、フラフラゆらゆらと歩んでいくのでしょう。

「科学のない宗教は不確実、宗教のない科学は不完全」[*29]――とは、アインシュタイン博士のお言葉だそうです。

「宗教は悪である。ただし宗教そのものは善である」――と、どこかの誰がおっしゃったそうです。似たような言葉に「学びて思わざればすなわち罔し、思いて学ばざればすなわち殆し」[*31]という、孔子どののお言葉もあります。「分らない」と「分る」はどこまでいっても表裏一体のようです。

神鳴《カミナリ》
神生《カミナリ》
神成《カミナリ》

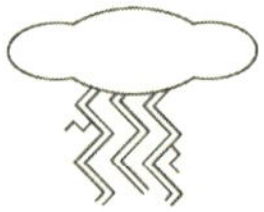

118
神成りとか雷とか

『古事記』は、八世紀初頭の日本において編纂された日本最古級の書だと云われています。その『古事記』の冒頭に『天地《あめつち》初《はじ》めに発《お》こりたる時、高天原《たかあまはら》に神成《かみな》りまし――』という一文があります。まるで「天空と大地が初めて表れた時、上空でカミナリが鳴りました」と読めそうな文章です。

古代東洋では、人間から眺めて上方のエネルギー（気）を「天気」、下方のエネルギー（気）を「地気」、その双方が交わって生じるものが人間の生命エネルギーである「人気」―と考えたようです。これが、現在でもよく知られる「天気」や「人気」の語源です。

古代西洋の全知全能の神、神の中の神と称されるゼウスは、天

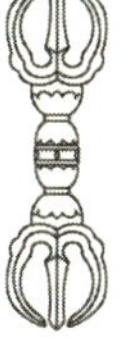

申《イナビカリ》
雷《カミナリ》
稲妻《イナズマ》

空や天候を支配しており、その手に握るのは全宇宙を破壊できるほどの威力を持つとされる雷霆（らいてい・ケラウノス：強いカミナリを発する）だそうです。

これに似た金剛杵（ヴァジュラ）という武器を帝釈天（インドラ）がお持ちですが、これも雷を発するそうです。

そして弘法大師も、その金剛杵を右手にお持ちです。

そういえば「原始大気と類似したガスに、雷の代用としての電気で生じさせた火花を何回か当てたところ、生物には欠かせないアミノ酸が生成された」―とするユーリー・ミラーの実験（1953年）があります。

現在では実験で使われたガスと実際の原始大気に違いがあることが指摘されてウヤムヤ状態だそうですが、ある種のガスに雷が当たることでアミノ酸（有機物）が生じたことは確かなようです。[*26]

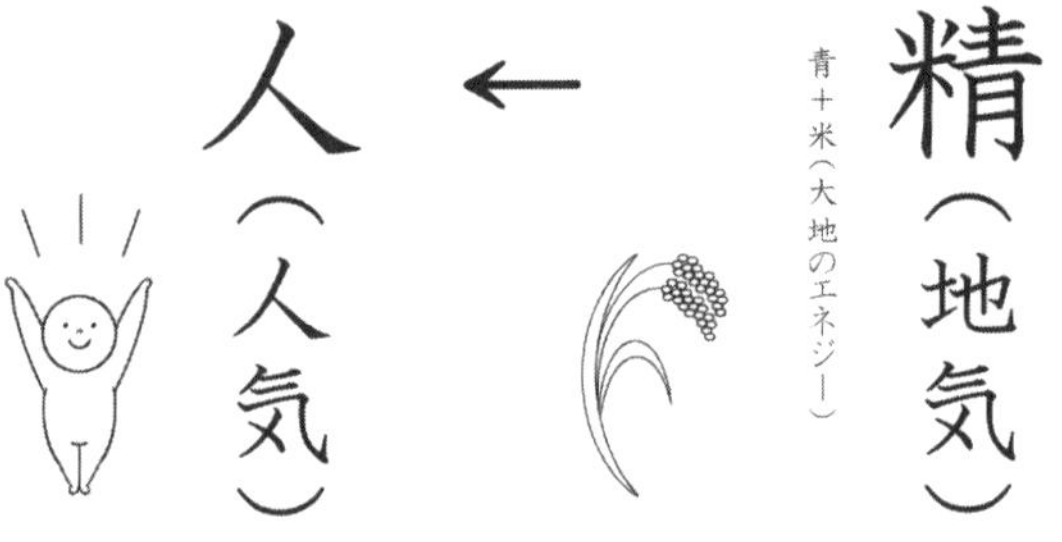

119 精とか神とか

精神とは英語でいうspirit（スピリット：生命の息吹）です。けっしてMind（マインド：世間一般でいう心）ではありません。

日本語の精神も心思《こころ》のことではありません。

「精」は米と青を合わせた形声文字です（米＋青＝精）。玄米―青い米―つきたての米を表しています。

つまり「精」とは大地のエネルギーの総称です。

「神」は示偏に申を合わせた形声文字です（示＋申＝神）。申とは雷のことです。長じてその雷を代表とする天空のエネルギーの総称が日本人のいう「神」です。そのため神社には陰（マイナス）と陽（プラス）を縁った注連縄《しめなわ》が掲げられ、そこからカミナリの形を模した紙垂《しで》が垂れています。

神 →（天気）

申＋示（天空のエネジー）

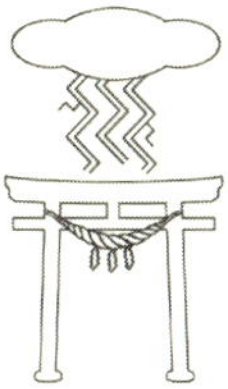

人間は、大地のエネルギーの総称である「精（米＝食物）」と、天空のエネルギーの総称である「神（雷＝電気や空気）」に包まれて命を育んでいます。そんな人間が雷を神として崇めてきたとしてもなんら不思議ではありません。こうした背景を受けて、稲の妻と書いて稲妻（雷）と称します。

日本人は人体の中で空気が通る道を「気道」、食物が通る道を「食道」、そして電気が通る経路を神の経《みち》と書いて「神経《しんけい》」と称します。そして、もとより日本の代表的な神々の名は、天神（天空神、雷神）・風神・火神・水神・地母神などというように、自然界を代表する五つのエネルギー（五大）の名をもちます。

意味合いが派生するからこそ「言葉」ーではありますが、その根っこが何処にあるのかを押さえておかないと、怪しげな教義や迷信に、かんたんに絡めとられます。

雨
巫女
並

120 靈とか零とか

「霊」や「靈」などの文字を見る多くの人は、これを怪しいと感じるようです。一部の怪しげな宗教者や権力者が、こうした文字を悪用し続けてきたことで生じた胡散臭さが、文字に染みついてしまっているからなのかもしれません。

しかし「霊」や「靈」の文字の原義や定義を知ると、怪しげな宗教者や権力者の臭さはそのままながら、文字そのものの胡散臭さは払拭されます。

「霊」や「靈」と同じ音を持つ文字に「零」があります。この文字を加えた三つのレイには、そのどれにも「雨」という文字が使われています。古人にとっての「雨」とは、何もナイ空（そら＝クウ）から降ってくる恵みの象徴です。

靈

アメを祈る巫女。

霊

靈の略字。

零

アメのしだれ。
ゼロ。

「靈」は巫女がその雨を乞う姿を現した会意兼形声文字。

「霊」はその略字です。その「霊」とは、形や質量をもたない、清らかな精気を表しているそうです。[*2・3]

「零」は清らかな雨のしずくを表す会意兼形声文字であると同時に、周知のように「0（レイ＝ゼロ）」を示します。

レイ（靈、霊、零）とは「空（そら＝クウ＝何もナイ）から降りそそぐ恵み」「そもそも有でも無でもないナニカ↓0（ゼロ、零）」――を示しているようです。

これから先は、胡散臭い人たちの与太話に迷わされたり騙されたりしないように、レイの真意をしっかりと腑に落しておきましょう。

解脱

解ることから脱する。

悟り

吾の心思から離れる。
ワタシがいないこと。

121 悟りとか自縛とか

解脱という概念や言葉があります。辞書によると、解脱とは「現世の苦悩から解放されて絶対自由の境地に達すること[*1]」―とあるのですが、この解脱を文字どおりに解釈すると「解ることから脱する」ということになります。

とすると、佛教の最高の境地とされる「悟り」とその結果として得られる「解脱」とは、状態と状況といった微妙な違いがあるものの、分らず、判らず、解らない―という絶対的（対が絶えた状態みたいな）ナニカである―と類推されます。

解脱（解ることから脱する）を手掛かりに、さらに「悟り」について類推してみます。悟りの「悟」は理解できます。悟は「心＋五＋口」ですから、この文字は、眼耳鼻舌身という五つの感覚

悟空

ワタシはクウ。

受容器と、これによって自覚するワタシを示していると考えられます。

問題は「悟り」の「り」です。仮にこの「り」を「離」とする解釈が許されるのであれば、なんとかなりそうです。「悟離（さとり）」として「吾の心から離れる」と解釈すれば、佛教がなぜ「悟り」と「解脱」をセットで伝えているか―を納得できます。

もちろんこうした文字は、パーリー語やサンスクリット語の音訳だそうですから真義は不明です。

ちなみに、三蔵法師のお供をして、仏典を祖国へ持ち帰る仕事を手助けした『西遊記』の主人公の名は、「悟空（悟＋空）＝ワタシはクウ」でした。

解脱《げだつ》

解ることから脱する。

3

122 解脱とか涅槃とか

「解脱とは、解る（分る・判る）ことから脱すること」としてみると、佛教が伝えるもう一つの重要なキーワード「涅槃（ねはん）」――が、思い浮かびます。

「涅槃」はサンスクリット語のnirvanaの音訳だそうです。「苦の止滅。煩悩を消滅させた絶対的静寂の状態」と説明されます。[*1]

涅槃の「涅」は氵（水）と日（火）と土（地）を組み合わせています。これは、いわゆる五大（すべての物質に遍在するという空・風・火・水・地といった五つの構成要素）の中の三つ、佛教の四大（風・火・水・地）の中の三つ、古代ギリシャの四元素（熱・寒・湿・燥）の中の三つ、古代中国医学の五行（木・火・土・金・水）の中の三つです。

涅槃《ねはん》

水と火と土を一元に帰す。

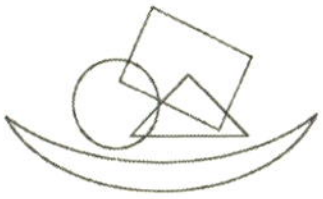

いずれにしても、涅に使われている水・日（火）・土は、世界の名だたる哲理が共通に伝える自然界の主要元素です。

また涅槃の「槃」は大きな木を切り抜いて造られる平らで大きな船を表しているそうです。[*3・4]

これらのことから、
涅槃の原義は、水・火・土という三大元素を一元に帰す
――と読み解けます。

そうしてみると「涅槃」とは、悟りや解脱と同じく、区別、分別、差別で細かく切り刻もうとする現象界（世俗／此岸）と、その対岸にあるとされる本質（勝義／彼岸）という二項の交わりをも越えた一元化――、言葉ではとうてい表すことのできないナニカ――であるといえそうです。

△《さんかく》・ム《ワタシ》

三《さん》・参《さん》

産《さん》・3《トゥリー》

123 三とか参とか

「道が一を生み、一が二を生み、二が三を生み、三が万物を生む・・・」[*14]とは、老子爺の言説です。

でも、どうして三が万物を生むのでしょう。

たとえば左右は、左か右どちらか一つだけでは成り立ちません。左と右の二つが揃わなければ認識できません。

ただし右と左がそろったからといって、新たな現象が現れるというわけでもありません。

プラス極とマイナス極を持つ電池があっても、それはたんなる電池です。ところがプラスとマイナスをつなげると、電気が流れはじめ、その間に電球があれば明かりが灯ります。プラスが一（いち）、マイナスが二（に）、そのつながり（交わり）が三

鳥居《とりい》

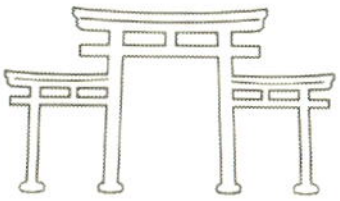

TRY《トリー（三つの）》

Three《スリー（3）》

（さん）だと気づくことで、先の言説の意味が観えてきます。

熱気と冷気が交われば風が生れます。右の掌と左の掌を打ち合わせればパチンと音が出ます。前と後ろが交わるところに中央が現れます。このように何らかの現象は、つねにある要素と他の要素が交わることで生じています。

男性と女性が交われば子供ができます。

日本では、その子供が参（三）歳になると、両親と共に宮参りをします。そのお宮の道を「参道」といいます。中央は神の道。左右は人間の男女の道と伝えられています。

本殿につくと、鈴を鳴らして柏手を打ち、頭を垂れて参拝します。「男性＝一」「女性＝二」「交わり＝三」「子供＝誕生」「お宮＝子宮」「参道＝産道」「参拝＝三拝」——としてみると、老子爺の言説や神社の本当の意味合いが、三や参の真意とともにすっきりと観えてきます。

Religion

ふたたび縛り付ける。

3

124 レリジョンとかリメンバーとか

英語のreligion（レリジョン）は、日本語で「宗教」と訳されています。religionの接頭辞であるreは「再び」、ligは「縛る／結ぶ」。その原義は「再び縛る（結ぶ）」です。

「何と再び縛る（結ぶ）のか」――というのは愚問でしょう。この言葉を好む方々は、ご自分方の信じる神さまから、再び縛られるのをお待ちのことだと思います。

でもここで少々気になるのは、「再び縛る（結ぶ）ということは、いま現在は、縛られず、結ばれずに、分離しているのか？」――ということです。はじめから分離などしていないモノゴトを、あたかも分離していると「信じ込んでいる」「誤解している」――とは考えられないでしょうか。

3

Remember

つながっていることを思い出す。

religionと同じ接頭辞をもつ単語にremember（リメンバー）があります。通常「思い出す」と訳されますが、この単語の接頭辞であるreはreligion（レリジョン）同じく「再び」です。

それに続くmemberの原義は「手足などの身体の一部」―だそうです。

とすると、remember（リメンバー）の原義は「全体の一部であったことを再び思い出す」ということになります。

こうしてみると、世界中の多くのワタシが本当に探し求めているものは、religion（レリジョン）ではなく、じつはremember（リメンバー）という忘れ物なのかもしれません。[*5]

125 LIVEとかEVILとか

LIVEは、生きる、生存する、住んでいる
EVILは、邪悪な、悪い、悪質な

LIVEDは、～の命を持った
DEVILは、悪魔、悪鬼、行儀の悪い奴

GODは、創造主、神、至高の原理
DOGは、犬、下劣な奴、くだらないもの

BOYは、少年、召使
YOBは、不良少年、よた者

MIDは、真ん中の、中間の、中央の
DIMは、間抜けな、薄暗い、弱める

EVIL

STARは、星、スター、花形
RATSは、どぶねずみ、卑劣、うらぎり者 *5

英語にも、二つの相反する現象が円環上をくるくると反転しながら周っていることを示す単語が数あるようです。

これらの文字は、表から眺めると白く見えたものが、裏からながめると黒く見えた―、前から見ると輝いて見えたものが後ろから見るとくすんで見えた―、上から見ると正しく見えたものが、下からみると誤りと見えた―。

―というように、相反するかのような二つの現象のどちらか片側だけをながめている時には気づけなかった本質―、つまり二項はつながりあう対現消の存在であり、けっして分離独立しているわけではない―ということを、暗に伝えているように思えてきます。

悪魔

天使の裏の顔

126 天使とか悪魔とか

悪魔が悪魔の顔をして、ワタシ達の前に現れるわけではありません。たいていの場合、悪魔は天使のお面をつけて現れます。

そうした中でも、悪魔の中の悪魔ー第一級の悪魔は、どうみても天使にしか観えない厚めのお面をつけており、しかもやたらと良い香りを漂わせ、やたらと美しく、やたらとお上品で、やたらと無駄なモノをぶら下げていたりします。そうです。「やたらと」です。

その上、したり顔で、天使を称え、悪魔を罵ります。時として、ボランティア会場などにも現れ、そこで、やたらと目立ちます。自らがやたらと有名であったり、あるいは有名人とやたらと知り合いであり、有名人との記念撮影では、やたらと手に手を取り合っていたりします。

そして「〇〇すべきです」ーなどと、やたらと断言的に、やたらとキレイごとを並べ、やたらと約束し、やたらと笑顔をふりまきます。ところが、どうでもよい約束は守っても、大切な約束はたいてい守りません。

ところがワタシ達小庶民は、意外にこんな悪魔が好きだったりします。自分もいつかは、あの悪魔のように、周りの人間から、チヤホヤされる存在になりたいと、無自覚ながらに、心思のどこかで願っていたりします。しかも、そんなワタシに「いつかは天使が舞い降りてきてほしい」―などと、平気な顔で二股をかけていたりもするのです。

天使

悪魔の裏の顔

残念ながらワタシ達小庶民は、天使の仮面をつけた悪魔の顔の下に、じつは天使の顔があり、そのまた下に悪魔の顔が―、天使が―、悪魔が――と、途切れなく続いていることに、気づけません。

表裏や陰陽が同根であるという自然律を承知していれば、すぐにも気づけるのですが、ワタシ達小庶民は、夢を壊すようなことを考えるよりも、今夜のスポーツニュースや芸能人の離婚騒動の話を聞きながら、いつかはワタシの目の前に、悪魔でも天使でもいいから、とにかく棚からボタモチが落ちてくることを祈っていたりします。

127 産まれるとか死ぬとか

産まれた

生きている

人生の勉強には「産まれた」「生きている」「やがて死ぬ」「どのように生きるか」「どのように死ぬか」といった主要五科目があるのです。

そのうちの「産まれた」「生きている」「やがて死ぬ」の三科目は、ありがたいことに、勉強する・しないに関わらず、かならず満点をとることが約束されています。

となれば、ベストを尽くすのは、残りの二科目―、「どのように生きるか」と「どのように死ぬか」となります。

ところが「どのように死ぬか」は「どのように生きるか」で決まることから、結果的に人生における受験勉強は「どのように生きるか」の一科目だけ―ということになります。

やがて死ぬ

ただし「自身がどのように生きるか」だけを考えていても、人生の卒業も進学もうまくいきません。ワタシの心思《こころ》や身体は、そのすべてがワタシの外側にある刺激や情報、あるいはワタシの外側にある他の命からの恵みで成り立っているからです。外は内であり、内は外です。

道徳や倫理、哲学や宗教以前の問題として、「自分を守るには自分の外側を守らなければならない」「ワタシを育《ととの》えるには、ワタシの素材となる外側を育えなければならない」――ということが、当然すぎるほどの話となります。

まあ、そういうことですから、自分自身がお好きな方は、そのご自分のために、ご自分以外の外側にある「他の命」や「モノゴト」を、どんどん可愛がってください。

128
始とか死とか

「シ」という音はとても興味深いのです。
「シ」という音を連ねていくだけで、人生が流れ始めます。

始（シ）にはじまり
姿（シ）をあらわし
子（シ）となり
自（シ）を自覚し
私（シ）を意識し
氏（シ）とよばれ
資（シ）をくらい
嗜（シ）を選び
詩（シ）をうたい
誌（シ）をつづり
史（シ）をきざみ

始

死の後にはじまるシ。

死

始まりの後にはじまるシ。

思（シ）になやみ
師（シ）をもとめ
志（シ）をはぐくみ
四（シ）季をめぐり
至（シ）して
止（シ）して
死（シ）から
次（シ）へと移りゆく

こうして「シ」の音は円環上を巡ります。
人生とは、まるで始から死への、そして死から始への道のりであり、流れのようです。

「右」を広く深く理解するには「左」の理解が欠かせないように━、「明」に気づくには「暗」を知らなければならないように━、死を深く理解することで、日々の生━、命を深く広く観わたせます。

終わり

始まりから
生み出されるナニカ。

129
終わりとか始まりとか

始まりや終わりが単独で存在しているわけではありません。
始まりも終わりも円環上でつながり続けています。

すべての始まりは、
すべての終わりの始まりであり、
その終わりは次への始まりです。

ワタシの心思《こころ》は、誕生によってその一歩を踏み出しますが、それは終わりに向けた第一歩です。

かりに100年の人生であるとすると、生きる日数は約3万6千500日。生きる時間は約87万6千時間ー。

始まり

終わりから
生み出されるナニカ。

ただし100年という年月をうまく乗りきるワタシはまれであり、多くのワタシは、与えられた時間を使い切らないままに、あるいはその途上でみずから放棄して、その人生に幕を閉じるようです。

ワタシは、人生の時間や日数を、刻々と擦りへらしながら、引き算的に人生の終わりに向かって歩んでいきます。ワタシの人生とは、始（シ）から死（シ）へと流れる消費生活です。

しかもその人生の消費速度は、まるで蚊取り線香のように、燃焼時間が経つほどに回転速度を速め、終盤はアッという間に燃えつきていきます。

総まとめーのような

ワタシ達人間の身体も心思《こころ》も、そのすべてが他の命やワタシの外側にあった素材からできている。

外からつくられた内なるわたしは、いずれ外に還元していく。

人間であるワタシは、ワタシという狭小な自我の角度からのみ、外の世界や内なるワタシをながめ、思い、悩み、怒り、考えている。

人間であるワタシは、大なり小なりの「殺す」「盗む」「姦淫する」「嘘をつく」「貪る」ーという性癖を背負って生きている。

分る世界の対岸には、分らないナニカがある。

分る世界と分らないナニカがあるにもかかわらず、人間であるワタシは、分る世界がすべてであると盲信し、この世界を「理解した」と錯誤したまま、分らないフィールドを分ったような気になって生きている。

分らないナニカの存在を忘れていなければ、分らないことに不安を持つ必要はない。

ワタシという自我は、分る世界を身心・愛憎、美醜のように双極的二項が対立しているかのように観ている。

双極的二項が対立していると観ることにより、ワタシの心思に混乱が生じている。

双極的二項を循環させることで、心思がおのずと斉いはじめる。

現消によって映し出される現象界を、「加減にゆらいでいる」と観ることで、ワタシの心思からひとまずの混乱が消え、ワタシの心思にひとまずの安穏がおとずれる。

「分る世界」に暮らすワタシという人間には、「産まれた」「生きている」「やがて死ぬ」といった三つの決定事項がある。

そんなワタシの人生にあって、ワタシにとっての大事は「（いま）どのように生きるか」――ということ。

「（いま）どのように生きるか」で「どのように生きたか」という過去も、「どのように死ぬか」という未来も変化していく。

悪として産まれ、嘘つきとして産まれ、泣いて産まれた人間であるわたしは、善行し、本当を語り、笑って去ることで、加減なるゆらぎを得る。

部分的で、相対的で、特別的な自分（わたし）は、全体的で、絶対的で、普通的な自然をめざすことで、いい加減にゆらぐことができ、おのずとバランスが保たれる。

そのために、常日頃から「片づけ（ニュートラル化）」を忘れないこと。

思いを言い、言ったことを成していくこと。

ワタシ自身の「感情」に振り回されることなく、思慮深く言動することと。

「身体」「熟睡」「植物や他の生命」という三つの大きな心思《こころ》バランサーを粗末にしないこと。

自業は自得であることを忘れず、自己の責任を忘れず、この生が終わるまで、明らかに諦めて生きていくこと。

さまざまな言葉を介して理解したこれらの事柄は、言葉という不確定な道具で成り立っている現象（現消）の世界の話であることを忘れないこと。

現象の世界は、現消の世界であるがゆえに、心思の持ちようによって、いかようにも変化させることが可能であろうということ。

おわりに

散る桜、残る桜も散る桜[*28]
（良寛さん）

おわりに

心思《こころ》も身体とおなじように、大怪我を負い、肉が裂け、骨が折れ、出血が止まらないような状態に至っては、もう自身のチカラだけではどうにもなりません。

この本に綴ってきたことは、そのような状態に至ることのないように、常日頃から自分自身で心思を養い鍛えていくための予防医学のようなものであり、あるいは少々の心思の怪我やみだれであれば、簡単に改善できる自然医学のようなものでもあります。

なにごとも「チリも積もれば山となる」のです。
心思に害を及ぼすチリではなく、心思を養い育むチリを、日々怠ることなく積み上げていただければと願います。

さて、この本を書いている間、ずっと気になっていたことがありました。それは前著にも書いたように「言葉は便利だけれど、ほんとうにやっかいな道具だ」―ということでした。言葉を重ねれば重ねるほどに、矛盾が溢れだしました。

「言わぬは言うにまさる」（逸名）
「もの言えば唇寒し秋の空」（芭蕉）
「言語道断」（瓔珞経）
「至言は言を去つ」（荘子）
「言は風波の如し」（荘子）
「大弁は訥なるがごとし」（老子）
「信言は美ならず、美言は信ならず」（老子）
「真実の語は簡単である」（セネカ）
「言葉で本質を示すことができない」（ソシュール）
「語りえない事には沈黙を守らなければならない」（ヴィトゲンシュタイン）

こうして賢者方の言葉が浮かぶたびに、その思いはさらに強まりました。

しかも「佛典」「荘子」「老子」「論語」「聖書」「ソクラテスの弁明」などといった書のすべてが、本人以外の人がまとめたものであることに気づいていたりすると、自ら本を書いている自分のバカさ加減にゲンナリしたり、なんともすっきりとしない戸惑いがたびたび頭をもたげました。

こうしてアタフタとつづったこの本を、あらためて読み返してみると、つべこべとくだらない屁理屈や断定的な言葉や、分からないことを分かったような振りをしている語り口が気になりますが、これはこれで、現時点のわたしの頭の中身の限界だと明らめます。

お世話になった縁ある方々、執筆中に気を和らげてくれた傍らの犬や猫さんたち、その他大勢の動植物さんたちに感謝しつつ、そろそろと、このあたりで失礼いたします。

ふろく

1　心思《こころ》の場／マインドフィールド

2　心思《こころ》のしくみ／アウトライン

分らない場　悟性的〜知性的〜理性を越えた領域

- 全体的、絶対的、普通的な自然というナニカの領域。
- 現象（現消）が生じえない領域。
- 二項（たとえば愛と憎しみ）の区別が存在しない。
- 矛盾が存在しない。
- 身体（物質）と心思の区別も存在しない。
- 感情や思考、要望や欲望などの区別もない。
- 主観も客観も存在しない。
- 原則的に人間には感受できない。

分ったような気がしている場　知性的〜理性的な領域

- 自然と自分のはざまでゆらいでいる領域。
- 現実が現象（現消）の延長線上にあることに気づいている領域。
- 二項（たとえば愛と憎しみ）が循環していることを承知している。
- 矛盾を承知する世界。
- 身体（物質）と心思が表裏一体であることを明確に捉えている。
- 思考や要望を基盤とし、感情や欲望に振りまわされない。
- 主観と客観のはざまで、自他の共存を願っている。
- 少人数の人の心思（こころ）が加減にゆらいでいる。

心思《こころ》の場／マインドフィールド

心思は「分る」「分ったような気がしている」「分らない」といった三つの場でゆらいでいる。

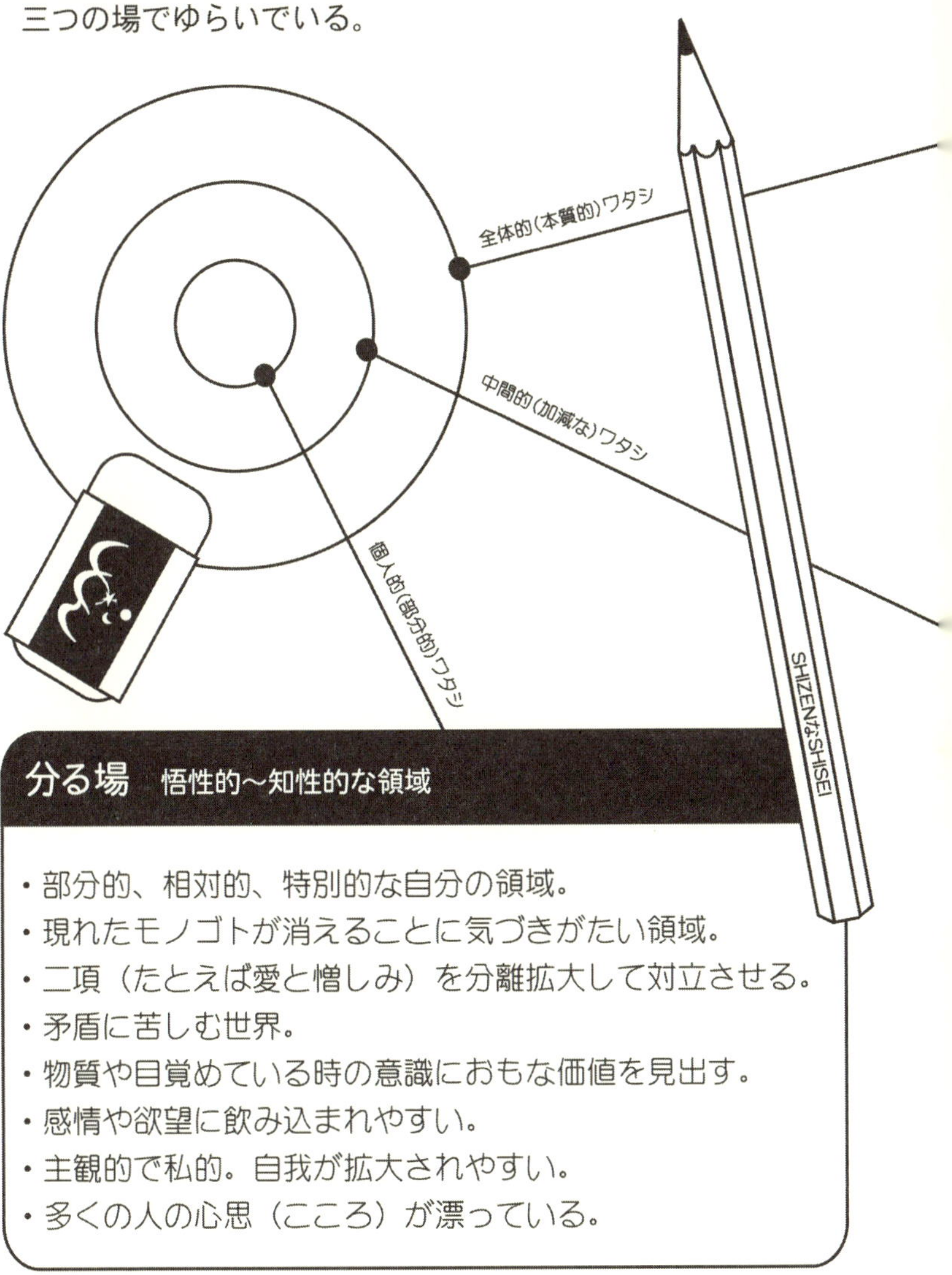

分る場　悟性的～知性的な領域

- 部分的、相対的、特別的な自分の領域。
- 現れたモノゴトが消えることに気づきがたい領域。
- 二項（たとえば愛と憎しみ）を分離拡大して対立させる。
- 矛盾に苦しむ世界。
- 物質や目覚めている時の意識におもな価値を見出す。
- 感情や欲望に飲み込まれやすい。
- 主観的で私的。自我が拡大されやすい。
- 多くの人の心思（こころ）が漂っている。

心思のつくられかた

- 「三つの刺激」や「三つの情報」を素材とし、
  言葉で仕上げてつくられる。
- ただし、つくられる心思は変化し続ける。

心思の素材

①刺激系（無自覚的刺激）

- 自然環境（天気、気象、風景など）
- 社会環境（国風、街並み、会社、学校などの環境）
- 家庭環境（住居、家族構成、家族の性格等）

②情報系（自覚的刺激）

- 外来情報（感受して意味づけされて各種の刺激）
- 内在情報（遺伝子、記憶、内臓や筋肉などからの刺激や情報）
- 表出情報（自身の表情・表現・表動など）

③中間系（無自覚と自覚の中間）

- 夢など。

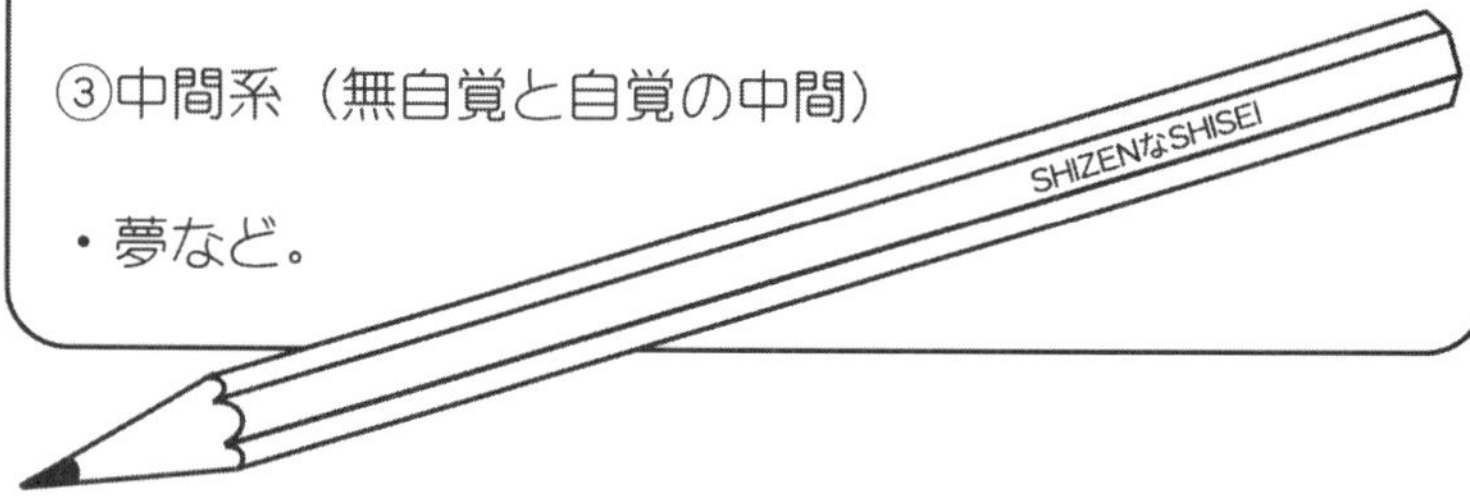

心思《こころ》のしくみ／アウトライン

心思のつくり

・狭義：感覚受容器〜神経系〜脳。

・広義：身体。

・本義：分化できない。

心思のはたらき

・感じて、気づいて、思うこと。
たとえば、感受〜感知〜感応〜認知〜認識〜思考…。

心思の壊れかた・ポイント

・現象（現消）や人間やワタシの正体に気づいていない。

・分かる場に囚われている。

・滞る、多すぎる、少なすぎる。

・片づけられない。

・加減にゆらげない。

心思の斉《ととの》いかた・ポイント

・現象（現消）や人間やワタシの正体に気づいている。

・分かる場に囚われていない。

・滞らず、多すぎず、少なすぎず。

・片づけることができる。

・加減にゆらいでいる。

出典／参考図書／参考サイト

字典／辞典類

＊1 広辞苑第六版：電子辞書版（岩波書店）
＊2 字通：白川静（平凡社）
＊3 漢和大字典：藤堂明保編（学研）
＊4 新漢語林：電子辞書版（大修館書店）
＊5 ジーニアス英和辞典第4版：電子辞書版（大修館書店）
＊6 プログレッシブ和英中辞典第3版：電子辞書版（小学館）
＊7 ことわざと故事・名言辞典（法学書院）

一般書籍類

＊8 ブッダの実践心理学Ⅰ〜Ⅵ：アルボムッレ・スマナサーラ／藤本晃（サンガ出版）
＊9 日本仏教の心：望月一憲編集（ぎょうせい）
＊10 真理のことば感興のことば：中村元訳（岩波文庫）
＊11 法句経：友松圓諦（講談社学術文庫）
＊12 現代語訳・黄帝内経素問・上／中／下（東洋学術出版社）
＊13 荘子内編外編・上／下：福永光司（朝日新聞社）
＊14 老子：小川環樹訳注（中公文庫）
＊15 古事記：倉野憲司校注（岩波文庫）
＊16 淮南子の思想：金谷治（講談社学術文庫）
＊17 論理の構造上・下：中村元（青土社）
＊18 世界の大思想（河出書房新社）
＊19 哲学の世界名著100選：高峰一愚監修（学陽書房）
＊20 ソクラテス以前の哲学者：廣川洋一（講談社学術文庫）
＊21 アメリカ・インディアンの書物より賢い言葉：エリコ・ロウ（扶桑社）
＊22 脳バランス力と心の健康：坂野登（青木書店）
＊23 不安の力：坂野登（勁草書房）
＊24 ゆらぎの発想：武者利光（NHKライブラリー）
＊25 人をはかる：佐藤方彦　日本規格協会
＊26 電気システムとしての人体　久保田博南（講談社BLUEBACKS）

参考サイト

＊27 国立天文台　http://www.nao.ac.jp/
＊28 学研キッズネット　http://kids.gakken.co.jp/index.html
＊29 銀河系 Wikipedia　https://ja.wikipedia.org/wiki/%E9%8A%80%E6%B2%B3%E7%B3%BB

著者略歴　片山賢《かたやまけん》

1956年、福岡県生れ。学生時代を怠惰に過ごし、その後、職を転々としながら紆余曲折。心思を患った友人や実兄の死を契機に23歳で上京。姿勢整均専門学校（現東都リハビリ学園）本科入学〜卒業。呉竹鍼灸専門学校（現・東京医療専門学校）本科入学〜卒業。同時期、画家・絵本作家の田島征三宅に居候。望月一憲師（東京大学哲学科卒業〜日本仏教研究所所長）に師事。

この間に東西医学や東西哲学の原点が自然の律動にあることを確信。その後、整形外科・内科に十年間ほど勤務。世界自転車競技会スペイン大会（1992年）にオフシャルトレーナーとして参加。IHSAコンベンション（USA）に公式参加ー『中庸姿勢法（現：姿斉）』を公式発表。2010年『自然な姿勢の斉えかた』（コスモスライブラリー）を出版。2012『Practical Lesson in SHISEI・Digest Version（英文）』（シセイプラネット）を自費出版。国内外で講演活動中。現在も自然観やアビダンマを軸に、身体や心思の学びや練習をユラユラと実践中。

SHISEI PLANET
Balanced balance for body, mind & spirit.

http://www.shisei-planet.com
メール　info@shisei-planet.com
住所　〒859－3619
長崎県東彼杵郡川棚町新谷郷1536

三部作　自然な私《ワタシ》

第一編　自然な姿勢の斉《ととの》えかた

かたやまけん

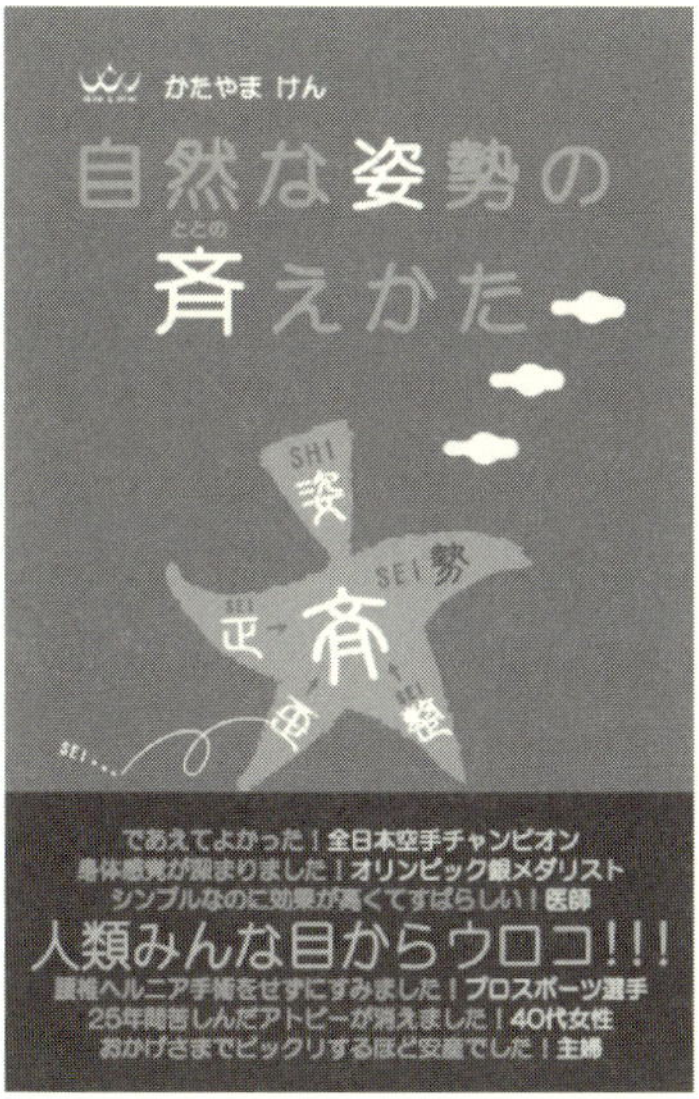

「指組み」「腕組み」「足組み」「横すわり」「ほおづえ」「貧乏ゆすり」などといった各自固有の何気ないしぐさや動き癖が、じつはゆがんだ姿勢を自動的に斉《ととの》えて、諸病を予防していること解明した眼からウロコの一冊。

多数の症例と改善法を写真やイラストを加えて解説。

■自然なこころのゆらぎ方

二〇一六年四月十五日 第1刷発行

編集／校正――徳永圭以子
カバー／イラスト――えいりん
発行所――コスモス・ライブラリー
発行者――大野純一
〒113-0033 東京都文京区本郷 3-23-5
ハイシティ本郷 204
電話：03-3813-8726
Fax：03-5684-8705
e-mail：kosmos-aeon@tcn-catv.ne.jp
http://www.kosmos-lby.com/
郵便振替：00110-1-112214
発行所――星雲社
〒112-0012 東京都文京区大塚 3-21-10
電話：03-3947-1021
Fax：03-3947-1617
印刷／製本――モリモト印刷

ISBN978-4-434-21926-9 C0011
定価はカバー等に表示してあります。